Les fondements de la sociologie de Georg Simmel

Allemagne 1858-1918
Contribution à la sociologie de la modernité

Pour Comprendre

Collection dirigée par Jean-Paul Chagnollaud

L'objectif de cette collection *Pour Comprendre* est de présenter en un nombre restreint de pages (176 à 192 pages) une question contemporaine qui relève des différents domaines de la vie sociale.

L'idée étant de donner une synthèse du sujet tout en offrant au lecteur les moyens d'aller plus loin, notamment par une bibliographie sélectionnée.

Cette collection est dirigée par un comité éditorial composé de professeurs d'université de différentes disciplines. Ils ont pour tâche de choisir les thèmes qui feront l'objet de ces publications et de solliciter les spécialistes susceptibles, dans un langage simple et clair, de faire des synthèses.

Le comité éditorial est composé de : Maguy Albet, Jean-Paul Chagnollaud, Dominique Château, Jacques Fontanel, Gérard Marcou, Pierre Muller, Bruno Péquignot, Denis Rolland.

Dernières parutions

Damien GIMENEZ, *La question de la liberté*, 2018.
Patrice VIVANCOS, *Économie et cinéma. Leurs liaisons dangereuses décodées au fil des 26 lettres de l'alphabet*, 2018.
Doh Ludovic FIE, *La pensée du beau chez Plotin. Une esthétique de la rupture*, 2018.
Xavier BOLOT, *Les illusions d'optique, une introduction à la pensée quantique du quotidien*, 2017.
Otto Maria CARPEAUX. *Histoire de la littérature occidentale de 1920 à 1980. Extraits,* 2010.
Michel PERRIN, *1848, Louis Blanc ou la fraternité en République. Un repère pour aujourd'hui*, 2017.
Elisabeth CHAMORAND, *La liste noire,* 2017
Paul NDA, *Sociologie politique, Pour comprendre ce qui se joue, se décide et se passe ici et ailleurs, avec sa géométrie variable,* 2017
Emmanuel FRAISSE, *Les anthologies en France*, 2017.
Simon LAFLAMME, *L'autonomisation des sciences humaines. Théories en sciences humaines au XXe siècle*, Tome I, 2016.
Laurence HARANG, *Pour une communauté humaine et animale, La question de la dignité animale*, 2016.
Marc AUGIER, *La société numérique*, 2016.
Michel BOURSE, *Les Cultural Studies. Essai*, 2015.

Fawzia Hachaichi Trimèche

Les fondements de la sociologie de Georg Simmel

Allemagne 1858-1918
Contribution à la sociologie de la modernité

L'Harmattan

5-7, rue de l'École-Polytechnique, 75005 Paris
http://www.editions-harmattan.fr
ISBN : 978-2-343-16346-8
EAN : 9782343163468

À

Skander, Anis et Zied

Mes chers enfants

Avec l'espoir qu'ils sauront trouver en Simmel

richesse et lucidité

Comment suis-je venue à Simmel?

Comment suis-je venue à Simmel? Comment ai-je pu être aussi fascinée par “sa tragédie de la culture ou sa philosophie de l’argent”?

Il est vrai, que ma formation germaniste et mon attachement profond à la culture allemande, m'ont facilité l'accès à la fascinante œuvre simmelienne, que j'ai eu le plaisir de comprendre et de savourer dans sa langue d'origine.

Le détour que fut mon mémoire sur le “Groteske” dans l’œuvre de Franz Kafka soutenu à l’université de Heidelberg en est peut-être aussi la réponse.

C’est ainsi que je retrouve chez Simmel la même inquiétude, le même désarroi de “l’homme moderne” écrasé par ses propres créations. Cet homme moderne est livré au combat de tous les jours. “Description d’un combat” (Beschreibung eines Kampfs) est d’ailleurs le titre qu’a donné Kafka à l’une de ses premières nouvelles.

Il y a chez Kafka tout comme chez Simmel, une passion du vrai qui leur interdit les commodités d’un choix définitif les maintenant ainsi dans un état mobile “dialectique du moment” entre plusieurs nécessités; ceci explique peut-être notre difficulté à les saisir, à définir leur pensée qualifiée souvent d’ambigu.

Leur sensibilité toujours en éveil veut saisir le sens invisible qui enveloppe de toutes parts le monde visible. Ce qui explique peut-être leur penchant pour la description minutieuse, leur amour du détail qui peut parfois l’emporter sur l’ensemble.

Kafka décrivait avec fascination le “nez” des personnes qu’il rencontrait. Cette description n’est-elle pas une manière de saisir l’insolite dans le phénomène le plus naturel, une manière directe d’entrer en contact avec une réalité que la forme du visage rend immédiatement sensible?

La “Sociologie des sens” de Simmel, ou “l’esthétique du visage”, en est la plus belle interprétation.

Les écrits de Kafka et de Simmel témoignent d’une recherche de la vérité, une vérité immédiate, sans “détours” qui dévoilerait la profondeur des choses en se tenant à leurs surfaces.

Pour eux, il n’y a rien de définitif, tout est alternance, mouvement, flux et reflux; il faut continuer à lutter et c’est peut-être dans le “combat” qu’il y a possibilité de vivre et de créer.

Ceci est peut-être ce qu’il y a de “vrai et d’immuable” dans cette vie.

SOMMAIRE

Introduction

Georg Simmel fut sans aucun doute une des figures les plus marquantes de la sociologie et de la philosophie modernes.

Il est l'un des premiers à rompre les liens avec une pensée emprisonnée dans des systèmes; il se proclame pour une sociologie en liberté, renouant avec la vie qui à son tour porte en elle les germes même du tragique.

Les épreuves particulièrement terribles que l'Allemagne a traversées, rendent propice l'éclosion d'un genre de philosophie irrationaliste, désenchantée par la civilisation matérielle et le progrès technique. Cette philosophie demande à une "intuition immédiate" le moyen de retrouver la vie, le sens profond des choses dont apparemment la civilisation matérialiste semble avoir perdu le contact.

Un sentiment d'inquiétude et de chaos se fit sentir chez les plus grands penseurs tels que Nietzsche, Schopenhauer ou Kafka. Simmel n'a pas été épargné par cette vague de désarroi et d'angoisse. Le philosophe Vladimir Jankélévitch l'a clairement exprimé dans son introduction sur "Simmel et la Tragédie de la Culture: "je retrouverai plutôt chez lui ce qu'on a appelé la mentalité des grandes villes. Il y a dans cette pensée mobile et comme perpétuellement inquiète, je ne sais quoi d'angoissé et de vibrant qui est spécifiquement moderne" (1).

L'élément biographique pour la recherche que nous entreprenons n'est pas d'un grand intérêt pour la compréhension de l'œuvre simmelienne. Cependant si ce travail peut constituer un nouvel outil propre à favoriser une meilleure connaissance du penseur Georg Simmel, nous apporterons quelques éléments biographiques utiles.

Simmel est né en 1858 à Berlin. A partir de 1885, après une thèse de doctorat consacrée à l'étude de la monadologie de Kant, il enseigna à l'université pendant trente années.

Parmi ses auditeurs on peut citer quelques noms connus tels: G. Lukács, E. Bloch qui fréquentèrent assidûment ses séminaires privés.

En 1890, Simmel épouse Gertrude Kinel. Leur salon réunissait l'élite intellectuelle berlinoise. Simmel entretenait des relations avec les milieux artistiques tel Rodin, les milieux littéraires tel R.M. Rilke, sociologiques et philosophiques tels Max Weber et Bergson.

Les écrits de Simmel étaient bien connus en France avant la première guerre mondiale de 1914 et par l'école française de sociologie. Cependant la guerre a brisé les contacts entre intellectuels français et intellectuels allemands. Une fois la paix revenue, l'animosité subsista pendant un certain temps. A ce propos, le sociologue français Julien Freund, exprime un profond regret: "On ne peut que regretter davantage qu'en France il n'ait pas eu l'audience qu'il mérite, bien qu'avant la première guerre mondiale il ait eu dans notre pays la notoriété… le jeu des influences est un phénomène qui est difficile à saisir" (2).

L'œuvre simmelienne est considérable: elle comporte des études monumentales et une multiplicité d'essais au nombre de deux cents parus dans divers revues et journaux.

Depuis sa mort, plusieurs études lui ont été consacrées. Il suffit à ce sujet de consulter l'ouvrage "Buch des Dankes an Georg Simmel" publié à l'occasion du centième anniversaire de sa mort par Landmann qui passe pour le meilleur connaisseur de l'œuvre de Simmel en Allemagne.

Cependant, on constate que la pensée de Simmel est restée d'actualité dans de nombreux pays comme l'Italie, l'Espagne, les pays scandinaves et le Russie, mais c'est surtout aux Etats-Unis, où il fut introduit par l'école de Chicago en 1921, qu'il eut le plus de succès.

Sa pensée a été souvent l'objet de certains malentendus, suscités fort probablement par des traductions peu conformes à la réalité de sa conception. Pour cette raison, la présente recherche se basera essentiellement sur l'œuvre simmelienne dans sa langue d'origine, c'est-à-dire l'allemand. Les traductions dont je me suis servi ont toujours été comparées aux textes originaux que j'ai pu acquérir grâce à des séjours d'études successifs en Allemagne.

Au cours de cette recherche j'ai pu constater qu'il n'existe pas d'ouvrages en français sur la sociologie de Simmel. Ce fait a constitué pour moi une motivation supplémentaire pour faire connaître ce penseur dans mon propre pays.

La méthode que j'ai choisie, obéit à un aspect lié directement à l'œuvre simmelienne, qui ne respecte pas la rigueur systématique des sciences humaines classiques de son époque, mais qui suit plutôt le mouvement de la vie dans sa fluidité et sa mobilité.

En conséquence, il a été préférable de rechercher les thèmes essentiels qui reviennent sans cesse dans son œuvre.

Pour cela il ne sera pas tenu compte de la courbe des changements successifs par lesquels est passé Georg Simmel; ce qui d'ailleurs aurait "coupé sa pensée" en des phases immobiles et peu originales. Les variations que nous rencontrerons et qui ont constitué l'objet de diverses critiques, ne sont en fait que le résultat d'une pensée qui cherche à s'approfondir en modifiant ses perspectives toujours ouvertes et jamais définitives.

Il a paru donc plus sensé et plus conforme à la conception simmelienne de rechercher le centre de sa pensée.

A cet égard, nous établirons d'abord les fondements philosophiques de la sociologie simmelienne. L'analyse du formisme, noyau de sa sociologie, fera l'objet d'une recherche approfondie.

Nous essaierons en outre d'apporter quelques lumières sur la conception de la vie et de la culture de ce grand sociologue et néanmoins philosophe. A ce sujet, nous analyserons son œuvre monumentale, "La philosophie de l'argent", résultat du processus culturel.

Une brève analyse sera consacrée à la "Philosophie de l'histoire" qui contient en fait les principaux thèmes simmeliens analysés dans ce travail.

Nous conclurons sur la portée de la pensée simmelienne et ses dimensions dans notre monde actuel. La question qui sera posée, sera: Dans quelle mesure Simmel peut-il être considéré comme précurseur de la post-modernité et de la sociologie actuelle du vécu?

Première partie

LE CONTEXTE HISTORIQUE DE LA NAISSANCE DE LA PENSÉE SIMMELIENNE

1- Effondrement du mythe du Progrès et émergence de la sociologie en tant que science

• *La croyance au progrès au XIXe siècle*

Un concept fondamental marque toute la sociologie du XIXe siècle, celui du progrès. Ce concept peut être considéré comme motif central et idée force de toute la pensée politique et économique ainsi que de la conscience quotidienne du XIXe siècle. C'est avec le tournant du siècle, que ce concept perdit sa position centrale dans les préoccupations des hommes de science.

L'industrialisation rapide de l'Europe, l'extension mondiale du commerce et de l'échange, les succès des sciences naturelles, les innovations techniques, les changements rapides des rapports politiques comme la démocratisation croissante donnèrent au progrès un sens particulier; Il est devenu le synonyme de développement: une perfectibilité illimitée apparut comme immanente au progrès.

C'est au XIXe siècle que ce concept devint universel et que c'est grâce à lui que la sociologie est devenue une science du progrès par excellence: progrès et progrès social s'identifièrent l'un à l'autre.

C'est depuis Auguste Comte que les concepts de Société et Progrès devinrent indissociables: il n'y a qu'un seul progrès, le progrès social. La sociologie est devenue l'alliance de la société et du progrès.

Pour A. Comte (1), le progrès des sciences positives et le progrès social sont étroitement liés. Cependant il reste à savoir si le progrès est l'objet de toute action ou si le progrès est lui-même l'agent moteur de l'histoire.

Pour Spencer (2), le progrès est synonyme d'évolution. Le sens profond du progrès réside dans l'évolution de l'hétérogène à partir de l'homogène à l'image de l'évolution biologique.

A. Comte pense que le progrès est la réhabilitation du bonheur individuel et humain. Le progrès social est un processus de restauration de la relation organique entre la partie et le tout.

Comte et Spencer considèrent le progrès d'une façon différente sur le plan de l'appareil conceptuel mais tous deux lient le progrès au développement social.

• ***Vers la perte de la croyance au progrès au tournant du siècle***

Vers le tournant du siècle, c'est-à-dire vers la période de scientifisation de la sociologie, "Verwissenschaftlichung", la notion sociologique de l'unité entre les concepts de Progrès et Société cessa progressivement d'exister en tant que thème sociologique.

Pour les "classiques des temps modernes", le thème de progrès n'est plus considéré comme le reflet de l'histoire contemporaine. Le progrès est remis en question et soulève le problème suivant, à savoir, comment considérer la sociologie comme science s'il n'y a plus de progrès. Le pessimisme, issu du "Progrès allemand" à la fin du XIXe siècle, a pour base l'économie: la grande dépression qui suivit l'effondrement de la bourse (1873 et 1896). Pour la bourgeoisie active, la "grande dépression" a eu un effet psychologique néfaste: on perdit progressivement la confiance en un avenir basé sur l'économie.

Cette raison économique n'est cependant pas la seule plausible. Ce pessimisme du progrès est un courant en relation directe avec la philosophie de Schopenhauer et d'Edouard von Hartmann. Il est une réaction contre le matérialisme et l'optimisme de l'époque. Ainsi la bourgeoisie éclairée de l'époque ne conçoit plus le matérialisme, l'inflation et le confort général comme étant des facteurs de progrès.

Vis-à-vis de l'industrialisation de la société, le pessimisme propose "l'éducation morale, l'éthique". Le pessimisme des années 70 se donne pour but de corriger la modernité. La critique pessimiste du progrès concerne davantage la culture que la société. C'est une critique du matérialisme, des spéculateurs fantoches, des "Geld-und

Papiermenschen" qui ont laissé leur âme sur le marché monétaire fluctuant. Edouard von Hartmann, le représentant du mouvement pessimiste accuse le matérialisme d'être à l'origine de la décadence des arts et des sciences. Le dilettantisme scientifique, l'orgueil des savants, la vulgarisation des sciences, la fréquentation des salons par les dirigeants de la société de consommation sont fortement critiqués (3). Le "Dilettantisme" est aussi pour W. Windelband (4) le symbole de l'esprit de l'époque et de la culture scientifique de ces années-là. Pour lui, l'individu court le danger d'être réduit à une machine qui ne peut accomplir qu'un certain travail technique pour lequel il n'est pas adapté.

Le système universitaire, l'accroissement des universités, des enseignants et des étudiants ont atteint un tel développement qu'il n'y a plus de place pour un enseignement individuel destiné à l'épanouissement de la personnalité (5).

Cependant la critique nietzschéenne de la société et du progrès, considérée aujourd'hui comme la genèse de la sociologie classique allemande (Simmel, Tönnies et Weber) n'est pas la seule responsable de ce malaise. Déjà bien avant l'avènement de la "philosophie des valeurs" (Wertphilosophie), en 1880, il exista en 1870 un mouvement critique de la culture et du progrès qui ne croyait plus à la nécessité du progrès social.

Les sociologues classiques, comme Max Weber, Ferdinand Tönnies et Georg Simmel, sont modernes parce qu'en comparaison à la génération précédente des sociologues du XIXe siècle - à qui l'on attribue la naissance de la sociologie - ils ont jeté les bases du développement de la sociologie théorique. Ces bases sont valables jusqu'à nos jours car elles ont atteint un tel niveau d'élaboration théorique qu'elles demeurent un modèle qui inspire la sociologie actuelle. Il en découle que la remise en question du concept du progrès et les recherches inhérentes ont été à la base de la constitution de la sociologie moderne.

2- Transformation de la sociologie en science

La nouvelle vision sociologique de la réalité sociale fut donc à l'origine de la séparation définitive entre le concept du progrès et la sociologie.

Pour la génération des sociologues allemands du tournant du siècle, la société est devenue "un système d'action" "Handlungssystem" au sein duquel l'individu ou le groupe joue le rôle d'acteur lié aux autres.

L'individualisme, est considéré par Simmel, Tönnies et Weber comme le moteur nouveau du développement de l'époque. Toutefois cet individualisme est ébranlé par le nouveau mécanisme régnant et cesse de s'épanouir en devenant l'objet de la société. Ce point de vue est aussi celui de Nietzsche.

La tâche du sociologue devient celle de réfléchir sur la manière de protéger l'individu contre la société. La statistique relative à la "déviance" "Die Moralstatistik" est également confrontée à ce problème, on peut citer à titre indicatif l'augmentation des cas de suicide et de la criminalité (6).

De même le darwinisme qui a influencé la sociologie allemande remet en question l'harmonie entre la rationalité de l'activité individuelle et l'ordre social. Depuis St Simon et Auguste Comte on considérait la rationalité et la religion comme incompatibles; la religion fut remplacée par la science. Mais étant donné le manque de crédibilité accordé au progrès scientifique, la religion refit surface pour remplir des fonctions importantes dans le système social.

Aussi bien Simmel que Tönnies et Weber se sont intéressés aux problèmes de la religion, non seulement pour des raisons théoriques mais aussi historiques.

Simmel fut le premier à prédire l'importance de la religion dans les sociétés différenciées.

Le principe de la concurrence sur laquelle est basée la société capitaliste, ne conduit pas hélas vers l'harmonie, la conciliation entre l'élément et le tout, entre l'individu et la société. Ce conflit entre l'individuel et le social pose le problème de l'existence d'une force suprarationnelle qui empêcherait le déchirement intérieur de la personnalité (7).

Pour Simmel, les mouvements religieux sont la conséquence des rapports sociaux. Les théories sociales doivent reconnaître le rôle effectif du sentiment religieux dans les mouvements sociaux.

La critique du progrès est étroitement liée aux efforts de transformation de la nouvelle discipline de la sociologie en une discipline scientifique et académique. Les néokantiens ont établi les bases épistémologiques de ce "tournant idéaliste" "Idealistiche Wende". Ainsi le sujet peut être capable d'un jugement objectif: la subjectivité intérieure peut être une objectivité extérieure.

Le néokantien fait la différence entre la valeur intrinsèque et l'évaluation entre l'être et le devoir, le fait réel et la valorisation. Pour lui, il s'agit de réhabiliter l'individu en tant que valeur.

"L'introduction à la science de la morale" (Einleitung in die Moralwissenschaft) paru en 1890, représente pour Simmel un essai qui va tenir compte du programme scientifique néokantien tout en prenant ses distances vis-à-vis de l'axiologie (philosophie des valeurs).

Pour Simmel, le "Devoir" "Das Sollen" est un mode de pensée formel "Denkmodus" (8).

Aussi bien Simmel que Weber partagent la conception que dans le choix des moyens pour des buts donnés, il est possible d'émettre des jugements scientifiques et de thématiser scientifiquement les conséquences des actions humaines. "La critique technique" "Die technische Kritik" incombe aux devoirs moraux de la spécialisation scientifique (9).

Ce que la science exprime est d'après Simmel un 'Impératif' "Ein Müssen". Mais la science ne peut avoir la prétention de nous apprendre comment on doit agir quand on décide d'atteindre un but donné; ceci est du ressort du domaine de la "Décision" qui est subjectif. Notre décision dépend de notre conception du monde et de notre appartenance à un groupe politique.

Les valeurs sont contingentes “Werte sind Kontingent”.Avec l’avènement du postulat de la “liberté des valeurs” “Wertfreiheit” et la mutation de la sociologie en science à l’aide de matériaux empruntés à d’autres sciences comme l’histoire, la statistique, l’éthnologie et l’anthropologie, Simmel et Tönnies essayèrent d’appliquer et d’approfondir leur “vision sociologique” Soziologischer Blick”. Leur sociologie est édifiée à partir d’un processus de dissolution et reconstruction “Auflösung und Rekombination”.

Ainsi la science devient une science de deuxième puissance ou plutôt une science du second degré “Wissenschaft zweiter Potenz”.

Pour son programme sociologique Simmel ne parle plus de société et laisse mieux transparaître la “Dynamique” et le “Relationnel” dans toute vie sociale.

Weber, en s’appuyant sur la catégorie de l’action sociale, thématise le “processus communautaire” et le “processus sociétal” “Typen der Vergemeinschaftung und Vergesellschaftung” (10).

De même Tönnies définit la société par rapport à la communauté (11).

En définitif, nous observons en ce tournant du siècle une tentative de la part des sociologues de cette génération, d’exprimer le mieux possible, le substrat de la vie sociale communautaire. Cette tentative se traduit par l’abandon du concept usuel et équivoque du terme “société” et son remplacement par des concepts plus abstraits à valeur théorique plus importante.

La théorie du développement social, la critique du progrès et la science de l’action constituent le cadre dans lequel la sociologie prit naissance en Allemagne grâce à Simmel, Tönnies et Weber.

L’action en tant qu’action à but rationnel (Weber) ou en tant qu’interaction comportementale (Tönnies) ou modalité de rapports avec autrui (pour - avec - ou contre les autres) (Simmel) constitue le substrat empirique de la société.

La société complexe et différenciée, n’est concevable qu’en tant que produit de l’action sociale.

Le processus de mutation de la sociologie en science a suscité un changement de conception du rapport entre individu et société.

L'idée qui prédominait au XVIIIe siècle et au début du XIXe, selon laquelle le but du "Tout" est identique à celui de "l'Elément" n'est plus valable. L'identité du tout et de l'élément, base de la croyance au progrès, a disparu emportant dans son sillage l'effritement de la conception: Action = Progrès.

Le concept de l'individualité est à reformuler et à redéfinir. L'individu se dilue progressivement jusqu'à devenir l'agent, l'action rationnelle et finalement l'acte d'agir (élément très important pour la formation théorique de la sociologie).

Pour Simmel, Tönnies et Weber il s'agit de considérer l'individu en tant que valeur, à un niveau plus élevé que le collectif, le groupe ou la société. Cette prise de position n'est pas sans conséquence pour le devenir de la sociologie et l'on se demande encore si cet intérêt accru pour l'individu ne conduit pas la sociologie allemande du tournant du siècle (sociologie allemande particulière "Sonderrolle der deutschen Soziologie") à être qualifiée d'antisociologie ou si au contraire elle contribuerait à une revalorisation de la sociologie sur le plan international.

Il reste cependant incontestable que la sociologie allemande du début du siècle posa la problématique socioculturelle.En effet les réflexions scientifico-culturelles et philosophiques qui agitèrent les sociologues de la génération du début du siècle exprimaient une aspiration "Bedürfnis" face à l'aliénation sociale et aux tendances de rationalisation qui n'intègrent pas la catégorie de valeur de l'individu dans leur cercle. Cette initiative parut pour certains peu élégante sur le plan de la technique théorique. Simmel en était conscient et c'est la raison pour laquelle il inventa le terme de "la sociologie philosophique" "Philosophische Soziologie" comme réponse à la question: "Individu et Société' "lndividum und Gesellschaft".

Ce problème ne peut être résolu dans une sociologie qui se veut définitivement scientifique. On constate que jusqu'à nos jours, cette relation de polarisation entre "Individu et Société" est restée problématique et le thème de "l'individualité" n'a rien perdu de son importance pour les théories sociologiques actuelles comme par exemple pour l'individualisme méthodologique.

3- Simmel dans la tradition sociologique allemande de son époque

• ***Max Weber: Compréhension, rationalité, formisme***

Une des règles d'or méthodologiques est que "pour démêler les relations causales réelles (wirkliche) nous en construisons d'irréelles" (unwirkliche). C'est là une des fonctions que l'on peut attribuer à la Forme: permettre la saisie de l'image et de son empreinte dans le corps social (12).

"L'Umwelt" (pays, territoire, nature, local) regagne de l'intérêt. On retrouve chez M. Weber cette préoccupation. Aussi lorsqu'il parle d'un phénomène, il s'agit de savoir à "quelle constellation" il faut l'imputer, c'est ce qu'il appelle "une question d'imputation" (Zurechnungsfrage): tout phénomène est passible de multiples explications et rentre lui-même comme élément d'explication dans d'autres constellations.

L'articulation des constellations, le jeu des formes, permettent de mesurer l'efficacité de l'anodin ou du minuscule.

M. Weber a eu donc également recours au "Formisme". Il suffit de se reporter à la définition qu'il donne à l'expression "l'esprit du capitalisme". Tant que cet esprit existe, il ne s'agira que "d'un esprit historique" c'est-à-dire d'un complexe de relations présentes dans la réalité historique que nous réunissons, en vertu de leur signification culturelle en un tout conceptuel.

Cet "individu historique" mis en place est avant tout le faire-valoir de tous ces éléments singuliers constitutifs du donné social. Ainsi, il met à jour l'architectonique des représentations et des pratiques qui est cause et effet de la circulation des biens, de la parole et du sexe.

M. Weber traita d'abord les problèmes économiques concrets de l'Etat allemand: exemple: la politique agraire ou la question du travail paysan.

Le processus de transformation dans le secteur agraire est pour Weber une étape de la rationalisation capitaliste qui apporte des nouveautés importantes aussi bien pour les paysans que pour toute l'économie agricole. Sous la pression des forces économiques de rationalisation, les entreprises agricoles capitalistes se trouvent dépendantes des forces ouvrières libérées par les campagnes modernisées.

La critique weberienne de l'optimisme face au progrès se développa à partir d'un exemple concret de la lutte entre les différentes nationalités en Prusse Orientale; lutte fondée sur le principe capitaliste de la concurrence ce qui conduisit Weber vers la critique du progrès en général. Si les processus de domination entre les groupes sociaux sont reconnus comme des faits réels, il ne peut plus y avoir de progrès linéaire, car les luttes sont ouvertes, et le groupe le plus développé culturellement triomphera.

Dans sa "sociologie des processus de pouvoirs" (Soziologie der Machtprozesse) (13) toutes les constellations des formes de pouvoir sont possibles. Si donc rien n'est impossible et rien n'est nécessaire, il n'y a plus de progrès, l'agent de motivation n'existant pas. Le progrès ne peut être qu'un "critère de valeur" "Werturteil ". Cette définition weberienne du progrès est en rapport avec le problème de "l'Ethique libertaire" (14) dans sa recherche socio-économique.

L'idée du progrès ne devient nécessaire que lorsqu'il se crée un besoin de donner un sens objectif au destin de l'humanité ici-bas puisque l'au-delà n'existe plus. Le déroulement de l'histoire ne dégage pas de valeur universelle. L'histoire est pour Weber la scène de conflits de valeurs antagonistes. Si l'action individuelle ne s'oriente pas selon les valeurs, le monde dans sa totalité devient moralement insensé; il n'est qu'une lutte pour le pouvoir de quelques individus ou de groupes sociaux. Ainsi le progrès est pour Weber un concept dépourvu de valeur "Ein wertfreier Begriff". En fait, dans son analyse du progrès, Weber utilise trois dimensions sémantiques. Le progrès est:

1) une progression "fortschreiten" d'un processus de développement concret qui est donc différentiel "Differenzierendes Fortschreiten".

2) un progrès des moyens techniques.

3) un jugement de valeur d'un objet ou une qualité évaluant la mutation de l'objet au cours de l'histoire.

Cependant, l'emploi du concept du progrès dans le processus de rationalisation weberien signifie la rationalisation du choix des moyens face aux buts donnés. La coïncidence entre la "rationalité subjective" et la "justesse technique et objective" de l'action signifie pour Weber "progrès rationnel" "Rationaler Fortschritt". Cette conception du progrès souvent utilisée par Weber, est de nature technique (c'est-à-dire le progrès est un moyen vers un but donné), il ne s'élève jamais jusqu'aux sphères des "ultimes valeurs" "letzten Wertungen". (15)

Aussi bien Simmel que Tönnies et Weber sont unis pour ne pas accorder au concept du progrès une dimension évaluatrice. Leur critique du progrès, en comparaison du mouvement pessimiste dans les années 1870 et 1880, s'est ainsi "scientificisée". L'atmosphère de décadence et le pessimisme culturel font partie du domaine des valeurs qui n'est pas celui du progrès.

Cependant on constate que tous les trois sont pessimistes quand il s'agit d'analyser le développement social à partir de l'individu, c'est-à-dire quand il s'agit de réfléchir sur le rapport entre l'élément et le tout. Les trois penseurs sont le produit de leur époque.

Weber savait depuis toujours que la sociologie n'était pas en mesure de fournir de nouvelles idées de la vie et du monde - d'où d'ailleurs la rigidité de sa pensée et de son style. La philosophie, dans la mesure où elle aspire à une certaine scientificité peut et doit agir en tant que théorie de la connaissance (Erkenntnistheorie), analyse des valeurs (Wertanalyse) et philosophie morale (Moralphilosophie) au sens kantien. Le renouveau culturel et la maîtrise du "désenchantement" du monde (Entzauberung der Welt) ne peuvent être traités sociologiquement. C'est pour cela que Weber se voit obligé de se livrer à "l'exigence du jour" et au démon qui tient les fils de sa vie (16). A travers cela, on comprend que l'individualisme weberien n'a pas besoin de la présence substantielle du concept de l'individualité. A ce propos, c'est dans les analyses simmeliennes que nous retrouvons les plus profondes analyses ontologiques et métaphysiques de l'individualité.

• *Ferdinand Tönnies: Société et Communauté*

Dans son ouvrage "Société et Communauté" (17), Tönnies oppose ces deux principes d'organisation de la vie en commun.

Dans la communauté, les hommes vivent d'une manière organique et personnelle: parenté, voisinage, famille sont des formes typiques communautaires. La religion et la morale structurent les rapports des individus entre eux. La société est basée sur des échanges impersonnels, anonymes et intéressés.

L'industrie moderne et la grande ville sont des formations sociales qui se répandent à mesure que la société s'affirme et prend de l'expansion. Tönnies s'intéresse particulièrement à la dimension pathologique des sociétés modernes (pathologischer Gang moderner Gesellschaften). Tönnies est sceptique vis-à-vis du "Rationalisme" et du "Moderne". Selon lui, la prédominance des formations sociétales au détriment des formations communautaires est à l'origine de l'apparition d'une série de phénomènes sociaux pathologiques.

Comme Durkheim, Tönnies s'intéressa à cette pathologie sociale telle que le suicide, la criminalité, le divorce, les luttes de classes et la question sociale "Die soziale Frage". Il accuse l'absence de contrôle moral dans le domaine religieux, les mœurs et les coutumes; cette situation laisse inévitablement apparaître un comportement anarchique incontrôlé.

Les pathologies du présent "Die Pathologien der Gegenwart" sont les conséquences de ces formations mécanisées des temps modernes. Ces formations n'ont aucune valeur sinon celles en rapport avec le but et l'avantage qu'elles visent; elles sont le produit de la froide raison calculatrice: le profit est devenu la grande idole du temps.

Pour Tönnies, il devient de plus en plus clair que l'homme souffre de la civilisation technique qui à son tour lui a volé l'essentiel: le calme, la dignité, la sensualité et surtout la conscience de la beauté de tel village ou de telle ville. En cela, il anticipe sur les préoccupations écologiques actuelles (18).

La culture moderne est en train de se détruire (processus de destruction, de démolition “Zersetzungsprozess”). Son progrès est sa décadence: “ihr Fortschitt ist ihr Untergang” (19).

La Modernité se résume selon Tönnies dans le concept individu/société. C’est le rapport élément/tout (Teil und Ganzes). Pour l’individu, la modernité signifie distanciation de sa propre nature créatrice et restriction. Tönnies évalue d’une façon pessimiste le présent: pour lui, le présent (Die Gegenwart) apparaît comme un processus de déchéance du point de vue culturel (Verfallsprozess). Il reconnaît cependant l’ignorance de l’issue de l’impasse civilisationnelle “Der Ausgang unserer Zivilisation kennen wir nicht”. Il reconnaît (comme Simmel et Weber) le postulat de “l’Ethique Libertaire” (Wertfreiheit) et l’impossibilité d’un jugement strictement scientifique du progrès humain.

• *Dilthey et la rupture avec la métaphysique*

Dilthey est l’un des fondateurs de la sociologie compréhensive. Il vécut de 1833 à 1911 et fut “Ordinarius” de philosophie à l’université de Berlin.

Dans son livre “Introduction aux sciences humaines” “Einführung in die Geisteswissenschaften” paru en 1883 (20), Dilthey décida de créer une base pour les disciplines universitaires qui n’était pas celle des sciences naturelles. Malheureusement “l’école de l’Histoire” était encore philosophiquement faible étant donné que selon Dilthey, il lui manquait un rapport fécond avec l’épistémologie et la psychologie.

Selon Dilthey, la recherche dans le domaine de l’histoire et de la société est confrontée à l’alternative unique qui consiste à procéder selon les méthodes positivistes des sciences naturelles ou à se limiter à la description simple des faits. Le refus de cette alternative, qui pour certains n’apporte aucune solution, conduit à l’intuition subjective qui risque de tomber lentement dans les bras de la métaphysique (21).

Cette frustration est restée actuelle jusqu’à nos jours. Et l’on se demande si la méthode des sciences humaines a vraiment beaucoup évolué. Dilthey se consacra à l’étude des circonstances selon lesquelles les pensées humaines prennent forme et parlent d’une expérience intérieure. Selon Dilthey, dans les sciences humaines, notre image de la nature entière est obscurcie, cette ombre ne peut être dévoilée car en tant que réalité, elle n'est pas immédiatement accessible. Ainsi, il ne reste que l'expérience intérieure qui est le seul type de réalité auquel on doit se tenir.

Dans son ouvrage, "l'Etude de l'histoire et de la société", le passage de l'évènement unique vers le tout intégré, est à vrai dire le problème méthodique le plus réel et le plus sérieux.

Dilthey s'adresse à tous ceux qui s'occupent des "sciences qui ont pour objet la réalité historique et sociale" (22). Dilthey avait l'idée "d'une révolution paradigmatique" qui s'accomplissait à l'époque d'une façon semblable à la Grèce antique pendant le quatrième ou cinquième siècle avant J.C. Pour lui, le devoir des sciences humaines consiste avant tout d'étudier la réalité de l'histoire et de la société afin de reconnaître ce qui se passe dans le domaine de la réalité vraie.

Les sciences humaines ont pour devoir de changer la réalité, "il s'agit donc d'étudier la réalité que nous ne pouvons maîtriser mais que nous devons au moins comprendre".

Dilthey fut le premier sociologue à introduire l'expression des sciences humaines dans la langue allemande.

Ce qui doit être l'objet de la recherche en sciences humaines est le domaine de la Liberté qui sépare l'homme du reste de la nature. En cela, il est antidéterministe et pour une sociologie libertaire. Dans la Liberté, l'homme doit reconnaître ce qui existe réellement aux yeux de sa propre conscience.

Les sciences naturelles étudient la réalité qui de nature est indépendante de l'homme et possède une existence objective. Ceci n'est pas valable pour les sciences humaines qui recherchent une réalité que l'homme a créée et qui ne peut être véridique que dans la mesure où elle devient l'expression du contenu de la conscience humaine.

Cependant, Dilthey prend conscience du fait que le potentiel d'un monde spirituel indépendant doit être réfléchi, que l'homme ressent ce monde comme le centre de toutes les valeurs et de tous les objectifs et qu'il doit être le but de toutes actions humaines. Il conviendrait donc d'étudier et de mettre au point ces faits spirituels afin de contribuer à leur création. Dilthey compare l'étude des créations de l'esprit humain avec les répétitions stériles des processus naturels dans la conscience humaine (23). Face aux grands progrès des sciences naturelles au XIXe siècle, il n'était pas facile d'encourager la conscience des scientifiques de l'humain. Il ne s'agissait pas seulement de séparer les deux types de réalités, mais il fallait aussi étudier les principes qui permettent de les regrouper dans un système clos, dans deux domaines de qualité différente "car les rapports entre les faits d'un monde spirituel n'ont rien de commun avec la régularité des processus naturels" (24).

Dilthey fait souvent allusion à la grande complexité de la société et voit une possibilité avantageuse de recréer la réalité à l'intérieur de nous-mêmes. Ce concept méthodique que l'on retrouve aussi chez Simmel, est assurément en contradiction avec les sciences naturelles car la nature est muette et étrangère à nous. Cependant: "La société est notre monde, le jeu des actions réciproques est vécu par nous… "Mais les valeurs sont nécessaires, ce sont elles qui permettent une réflexion critique vis-à-vis de la société. L'homme fait partie de la société et c'est la raison pour laquelle il doit trouver un accès à sa dimension interne. L'individu est d'une part un élément dans les actions réciproques de la société, un point de croisement des systèmes différents de ses actions réciproques. On retrouve cette citation dans le titre d'un chapitre de Simmel "Les croisements des cercles sociaux". C'est à conclure que cette position eut l'approbation de Simmel.

Le but de Dilthey est la reconnaissance de l'imbrication interdépendante de toutes les sciences, sa méthode est celle de la Compréhension, rejoignant ainsi l'approche compréhensive de l'ensemble de l'école allemande.

• *Simmel: l'action et le vécu*

Le retour vers la valeur de l'individu redonne au moi sa propre puissance et pose simultanément le problème de la possibilité de saisir et d'ordonner l' infinité des choses.

Le sociologue joue désormais le rôle d'interprète scientifique de la réalité sociale et se débarrasse de son rôle de "prophète". Le chaos social n'est plus considéré comme une "Apothéose conciliante" mais comme réalité structurée. Les travaux de Durkheim, Weber et Simmel en sont les témoins. En effet, qu'on considère "les faits sociaux" de Durkheim, ou les hommes modernes "équilibrant les forces contradictoires des normes objectives" (25) de Simmel, ou les "Berufsmenschen" de Weber, on constate que l'individu n'est plus considéré comme "l'Homo faber" mais comme une créature sociale "Soziales Wesen".

"La Conscience collective" de Durkheim, "L'Argent" de Simmel, "La Rationalité" de Weber définissent "les forces sociales" qui remplacent "la Société".

Mais la contrainte sociale toujours croissante conditionne la constitution du concept de "l'Individualité" ou "Personnalité", "Persönlichkeit", "lndividualität".

Simmel qualifie cette contrainte sociale de "destinée indéfinissable de la vie" "undefinierbare Lebensbestimmtheit", l'expliquant par le fait que: "Dans un être cohabitent d'un côté une centralité intérieure basée sur un moi autonome et autosuffisant, et de l'autre, un rapport à un tout positif ou négatif, équilibrant ou déséquilibrant, auquel appartient l'essence de l'être (26).

Cet individualisme se manifeste dans le penchant vers la vie communautaire dans les rapports amoureux ou amicaux, les clubs privés, les communes c'est l'affirmation de l'individu dans la société.

Le "Suicide" de Durkheim (1897), la "Philosophie de l'Argent" de Simmel (1900), "l'Ethique protestante" de Weber (1904/ 1906) constituent les plus grands travaux de recherche de cette période caractérisée par un "malaise général".

Durkheim explique cette situation de la manière suivante: "C'est que l'état de crise et d'anomie y est constant et pour ainsi dire normal... Mais voici qu'il est arrêté dans sa marche; dès lors, il n'a plus rien ni derrière lui ni devant lui sur quoi il puisse reposer son regard. La fatigue du reste suffit à elle seule pour produire le désenchantement, car il est difficile de ne pas sentir à la longue, l'inutilité d'une poursuite sans terme"(27).

Chez Simmel, nous retrouvons le même désenchantement: "Entre la passion de tout gagner et la crainte de tout perdre, l'homme moderne se trouve déchiré; la concurrence des individus, des races et des classes, mise en scène par une course fébrile au travail quotidien, plonge celui qui ne travaille pas dans un rythme infernal et le pousse vers l'autodestruction..." (28).

Nous retrouvons chez Nietzsche la même idée quand il écrit dans son Aphorisme sur "la science joyeuse" "Fröhliche Wissenschaft": "L'époustouflante précipitation vers le travail - véritable vice du nouveau monde – commence justement par la contamination de la vieille Europe en la rendant sauvage et en la privant de toute spiritualité" (29).

Ces mots sonnent aujourd'hui familiers à nos oreilles; c'est le fameux antiaméricanisme d'hier et d'aujourd'hui, c'est l'impuissance de l'éducation face à l'épanouissement du capitalisme.

C'est la formule de Nietzsche: "Il manque le sens, il manque la réponse au pourquoi". "Es fehlt das Ziel; es fehlt die Antwort auf das warum" (30) devant un pragmatisme politique et économique sans lendemain.

Le malaise général se situe d'après Durkheim, Simmel et Weber dans le rapport entre le comportement individuel et les structures sociales. Weber le retrouve dans le "l'absence de style, dans le comportement quotidien" "Stil oder Stillosigkeit". Les qualités du moi ne peuvent plus suffire à un individualisme toujours croissant, "résultante et signe de la maladie collective".

Simmel voit dans "cette intellectualité calculatrice" "die rechnende lntellektualität" à la fois "une absence de caractère" "charakterlosigkeit" mais aussi la seule chance de donner à la personnalité un autre profil: "Tandis que tout état de chose de la vie devient toujours de plus en plus objectif et impersonnel, le reste subsistant et inobjectivable devient encore plus personnel et se transforme en une qualité incontestable du moi" (31).

Les relations entre les hommes et ainsi même la possibilité de connaissance sociologique se construisent sur le rapport Moi/Toi. Mais ce toi, n'est pas un individu mais un complément d'un moi qui cherche sa qualité propre: "Toutes les relations avec autrui ne sont finalement que des étapes sur le chemin qui permettrait au moi de venir à lui-même, soit qu'il se sente en dernière analyse l'égal de l'autre, parce que tout en reposant sur lui-même et sur ses propres forces, il a cependant besoin de cette conscience comme appui, soit qu'il se sente à la hauteur de la solitude de sa qualité propre, les nombreux autres n'étant là que pour que chaque individu puisse apprécier sa propre incompatibilité et l'individualité de son univers par rapport à autrui" (32).

Simmel fait une séparation entre le "Moi social" et le "Moi individuel" (séparation que nous retrouvons d'ailleurs chez Durkheim et Weber). Cette séparation reste cependant pour Simmel un problème à résoudre car "la partie non socialisée chez l'individu ne peut exister à côté d'une partie socialement significative" sans heurts. Simmel se demande si ce ne sont pas les rapports sociaux modernes qui sont à l'origine de l'existence de ce domaine non socialisé; et si c'est le cas, alors il est du ressort de la socialisation de résoudre le problème. Cependant la science est limitée à la connaissance et l'unité de l'individu est affaire (objet) d'expérience vécue.

Pour Simmel, l'expérience vécue est l'unité immédiate du sujet avec l'objet: "das Erleben ist unmittelbare Einheit von Subjekt und Objekt" (33).

D'une façon résignée, Simmel conclut qu'une sociologie qui part de "l'expérience vécue" au lieu de "l'action" est une sociologie qui doit changer radicalement. Cependant, ce changement n'a jamais été considéré sérieusement et "l'Action" "das Handeln" subsiste toujours en tant qu' "Atome social" "gesellschaftliches Atom" et nous constatons que jusqu'à nos jours le problème du rapport entre l'individu et la société n'est pas résolu.

Les efforts fournis par Simmel (ainsi que par Durkheim et Weber) pour une" scientifisation "de la sociologie débouchent sur le problème du rôle que doit jouer le sociologue, et Simmel fut un spectateur passif dans le rôle d'un sociologue qui espérait par ses analyses résoudre le problème de "l'action sociale". Simmel pense que son destin est celui de tout sociologue qui en tant qu'individu est étranger. Cette question nous amène irrémédiablement à la problématique de la liaison entre le "Rôle et l'Individu" et par là-même au problème de la légitimation sociale de la subjectivité.

4- Simmel et la tradition philosophique grecque

On peut dire que la pensée de Simmel s'enracine dans un substrat philosophique grec représenté par le réalisme socratique que Simmel ′idéalise' et l'idéalisme platonique que Simmel "réalise".

Socrate (34) cherche à déceler le concept de toutes choses, non seulement pour éviter toute unidimensionnalité mais aussi pour avoir une vue d'ensemble sur le contenu essentiel.

L'appréhension subjective du 'noumène' dépend du hasard, de l'état émotionnel du sujet, de l'humeur et de l'intérêt de chaque personne.

Le travail spirituel par contre, doit ouvrir l'accès au "Concept" et ne peut servir aucun intérêt à part celui de l'objectivité qui se nomme Vérité (dans la mesure où il évite toute faute subjective).

Socrate cherche "l'Essence" dans le but d'aboutir à une action juste. Il analysa le concept du dominateur de la justice, du chef d'état, du courage etc… toujours avec la conviction que le concept juste engendre une action juste parce que" la vérité du général détermine la vérité du particulier."

Platon (35) s'intéressa plutôt à la question de la vérité indépendamment de l'action qu'elle engendre. Le critère de la vérité est pour Platon la concordance du concept avec son objet.

Simmel, dans le même ordre d'idée, trouve d'autres significations a la vérité: "la Vérité est le produit d'échange réciproque, de représentation et de construction mentale cohérente. C'est un rapport symbolique de la pensée avec le monde incomparable des objets réels" (36).

L'idée platonicienne repose sur le mythe selon lequel l'âme avant la naissance a eu l'occasion de se confronter à l'idée et de s'en imprégner si bien que l'homme de l'ici-bas reconnaisse les objets qu'il observe parce qu'il s'en rappelle. Les objets perdent ainsi leur étrangeté.

Simmel admire Platon: "Platon a découvert l'effet du monde

spirituel" (37). Pourtant ce qui est pour Platon la découverte d'une vérité de l'au-delà, est pour Simmel la constitution (Gestaltung) d'une forme spirituelle.

A la place des différentes vérités uniques, le monde spirituel apparaît comme un fait objectif. Ce monde ne se laisse transmettre que lorsqu'il réussit à prendre une forme spirituelle "Wenn Ihre Gestaltung zur geistigen Form gelingt" (38).

La vérité ne se laisse pas représenter, elle se laisse vivre; l'art musical est une formation (Formung) qui devient objective tout en incluant le subjectif.

Pour Simmel la "Question de la Vérité" ne peut être résolue qu'en observant la relation entre d'une part le portrait ou la composition et d'autre part l'objet représenté par la forme.

Simmel souhaite à cet égard, que les différents domaines de formation (exemple: science, art, religion, jeu) ne soient perceptibles que selon leur manière spécifique et harmonieuse: "chacune des grandes Formes de notre existence, doit se montrer capable d'exprimer la totalité de la vie dans une langue qui lui est propre" .Simmel ajoute, qu'entre la religion, la science, l'art, il ne devrait pas exister de tension (39).

Platon ne considérait pas le monde des idées comme étant un moyen heuristique (au service de la reconnaissance scientifique) mais comme une réalité de l'au-delà. Les objets conçus dans l'ici-bas ne sont là que pour représenter les Idées.

Simmel glorifie cette découverte mais condamne les conséquences politiques qu'elle pourrait avoir. La sagesse platonicienne qui affirme que la lumière et l'ombre apparaissent toujours ensemble, que le vital est également ambivalent, et que la vérité ne peut être toujours teintée de noir ou de blanc se retrouve dans la totalité de l'œuvre de G. Simmel.

5- Simmel et la philosophie kantienne

Le point essentiel de l'idée simmelienne est la thèse kantienne de la théorie de la connaissance (40). C'est à travers Kant que Simmel devient "1e théoricien de la connaissance".

Essayons d'abord de résumer brièvement cette théorie: la connaissance doit être basée sur l'expérience qui assure sa vérité. L'objet ne s'accomplit et ne se définit qu'au cours de son analyse. Les expériences sur les objets ne peuvent cependant devenir connaissance qu'après avoir reçu une certaine forme. La connaissance devient un processus de formes et de figures. L'étude comparative de ces formes constituera une grande partie de l'œuvre de Simmel. Kant aboutit à cette conclusion en utilisant des exemples issus des sciences naturelles. Simmel transposa le concept kantien sur les sciences culturelles et sociales: l'évènement (le vécu) religieux crée l'image de Dieu. Toute perception dans un processus d'existence vitale a besoin de son objet à qui elle donne une forme (Gestalt).

Simmel critique les "scientifiques de l'esprit" (Geisteswissenschaftler) qui croient qu'il est possible d'exprimer fidèlement la réalité. Pour Simmel, l'activité scientifique est plutôt comparable à l'activité du peintre qui peint un portrait ou un paysage ressemblant à la réalité mais néanmoins différent qualitativement.

Kant fait la distinction entre " Verstand und Vernunft" "Entendement et Raison".

A la lumière du postulat platonicien qui distingue deux vérités séparées, Kant attribue au Verstand la capacité de définir les objets sensitivement palpables ("sinnlich erfahrbar"), et à la Vernunft la capacité de pénétrer toujours plus profondément dans le monde des idées "die Welt der ldeen" (41). Kant considère la voie de la Vernunft comme une prolongation de l'expérience sensitive avec des moyens idéals. "Le monde des idées" dans lequel se meut la raison (Vernunft) est en rapport - selon Kant et plus tard selon Simmel – non pas avec le contenu mais avec l'expérience sensitive (Sinneserfahrung).

Kant affirme explicitement l'idée - reprise plus tard par Simmel - selon laquelle l'objet postulé n'est rien d'autre qu'une idée "das postulierte Objekt ist aber nur eine Idee" (42).

C'est en fonction de l'interprétation kantienne que Simmel a analysé Platon. Entre l'ici-bas et l'au-delà, il n'existe pas un domaine séparé de l'objet. La science ne s'appuie que sur l'unique domaine de l'objet et de l'empirie.

Kant avoue que la raison crée ses propres objets dont la finalité et l'accomplissement systématique ne sauraient être empiriques.

Simmel généralise cette conception et la compare à la création artistique. Pour lui la science, la religion, l'art, le jeu et surtout la société sont des "formations" (Formungen) découlant de ce processus.

Cependant, ce ne sont pas les efforts scientifiques en premier lieu qui déterminent ces formations, mais plutôt l'expérience vitale et émotionnelle créant son propre objet à travers lequel elle se réalise.

En s'appuyant sur Kant, Simmel crée "la Théorie de la connaissance de l'homme en action" ("Die Erkenntnistheorie des handelnden Menschen"). "C'est en agissant que l'on devient nous-mêmes" (43).

Pour Simmel l'essentiel dans le système kantien est non la pensée mais le vouloir ("Nicht das Denken sondern das Wollen"): "l'action pratique que kant considère comme l'intérêt principal et objectif de la vie, est aussi l'intérêt subjectif qui oriente en dernière instance sa pensée") (44).

Le kantisme simmelien reste attaché au "concept de la formation" selon lequel les différents domaines complémentaires de la "Gestaltung" laissent apparaître la vérité toute nue.

Simmel met surtout l'accent sur "la diversité de l'homme individuel" et parle de la "dilution de l'âme sociétale dans la somme des interactions de ses membres" (45).

Le concept de l'âme dénote la présence d'une notion de "l'unité" difficilement concevable en raison de la présence d'une multitude “d’apparences sensitives”; ce qui représente pour Simmel, une des difficultés de la théorie de la connaissance aussi bien pour le psychologue, l’historien que le sociologue.

Pour Simmel, il existe dans l’âme une qualité de l’unité (46) “l’unité est déjà formée dans l’âme, mais l’âme ne nous apparaît justement pas” Simmel se heurte là à un problème métaphysique.

Le puissant cheminement de la pensée simmelienne aboutit à la prise de conscience des limites des possibilités de la connaissance. “Certainement qu’il y a là un secret profond dans la réalité qui se dessine dans des lignes idéales découvertes par nous et non créées” (47). Margaret Sussman, qui l’a bien connu, insiste sur son rapport profond avec l’Absolu: Simmel ne voit pas une multitude de valeurs possibles et définitives, mais il voit une multitude de possibilités de représentations de l’Unité (des Einen). Son relativisme ne provient pas de son doute mais de sa conception de la vérité.

Simmel rejette totalement l’idée qu’il faudrait agir comme si les maximes qui sont à la base de chaque action seraient des lois valables pour toute l’humanité (48).

Là, on retrouve’ l’Individualisme’ simmelien qui confirme que ce qui est bien ou mauvais pour l’un ne peut l’être de la même façon pour l’autre. Le progrès culturel et social est confié à l’individu autonome.

L’individualisme simmelien se sépare totalement de “l’Etat idéal” de Platon. Cet individualisme mène aussi au refus de l’Impératif catégorique “Kategorischer lmperativ” de Kant.

Nous retrouvons ici Simmel, le citoyen démocrate convaincu, le philosophe qui a eu la force de suivre son chemin sur une longue distance et en solitaire.

Deuxième partie

SPÉCIFICITÉ DE LA SOCIOLOGIE SIMMELIENNE

Dans ce chapitre, nous allons démontrer comment Simmel arrive par le biais de l'action réciproque d'individus socialisés à constituer un concept de société qui sera l'objet de connaissance d'une science sociologique.

1- Le concept de société

Dans la première partie de son livre intitulé "Question fondamentale de la sociologie" (1) Simmel explique les fondements de la sociologie. Pour lui, elle n'est pas une discipline secondaire à caractère transcendantal et philosophique. Elle est plutôt une réflexion indépendante et objective sur "la conscience de la socialisation" "Das Bewusstsein der Vergesellschaftung" (le terme Vergesellschaftung sera traduit par "socialisation" par Julien Freund) (2).

Le concept "d'action réciproque" simmelien reçoit une nouvelle dimension. Il est défini en tant qu'interdépendance ou dialectique entre le Moi social, la Pensée et le Savoir.

Cette conception détermine son attitude spirituelle face au monde et à la vie et constitue une manière fonctionnelle de concevoir les choses et d'établir une relation intérieure avec elles. Cependant Simmel ne veut pas dire que toute connaissance - en particulier la connaissance sociologique - doit être individualisée car comme nous le savons à partir de sa critique de Kant, "le Moi" n'est pas pour lui "un principe sociologique de connaissance". Simmel développe sa théorie à partir de la double catégorie du "Moi et Toi" "Ich und Du".

Pour lui la "Connaissance" en général et celle de la société en particulier est fondée sur le principe de la "Relation" et non la "Déduction"; cette relation englobe tous genres de rapports.

Il faut cependant préciser - car ceci a été la source de polémique - que le point de départ de l'analyse simmelienne n'est pas l'individu isolé, ni la société, ni l'opposition Individu/Société (bien que ce dernier l'eut bien occupé) mais plutôt la constatation que "le point de départ de toute formation sociale est l'effet réciproque de personne à personne "Der Ausgangspunkt aller sozialen Gestaltung ist die wechselwirkung von Person zu Person" (3). A partir de cette définition, Simmel donne accès à la recherche des formes de cette relation tout en concédant que l'action réciproque peut se régulariser et "s'institutionnaliser". Cette Institutionnalisation et réglementation ne signifie cependant pas "l'essence" mais seulement "l'attribut" de la socialisation.

L'intensité, la fréquence et la régularité "lntensität, Häufigkeit und Regelmässigkeit" dans le déroulement des phénomènes sociaux à effets de réciprocité différenciés peuvent constituer une possibilité de connaissance dans la mesure où nous pouvons les extraire du réel pour les analyser scientifiquement.

Le but ultime de Simmel est d'élever la réalité sociale du présent vers une conscience scientifique.

Cet appel à la "scientifisation de la conscience" se reflète à travers toute son œuvre et en particulier dans sa prise de position contre le néokantisme qui régnait à l'époque sur tout ce monde "académique" dont le but est de "tenir cette époque en ordre".

Il faut cependant noter que Simmel ne prétend pas éliminer par sa sociologie toutes les autres formes de connaissances existantes à l'époque, il ne vole rien non plus aux autres disciplines déjà établies: "les analyses et ces modes de construction de notre vie et de notre action immédiate, ressenties par tous comme une unité, se situent à un même niveau et sont également légitimes. C'est pourquoi - et cela est désormais déterminant - aucune d'entre elles ne saurait prétendre constituer la voie unique et seule suffisante de la connaissance, par conséquent celle qui est conditionnée par la forme sociale de notre être (Dasein) ne saurait non plus y prétendre; elle est, elle aussi, unilatérale complétant les autres en même temps qu'elle est complétée par elles" (4).

Pour Simmel, l'essentiel pour la sociologie est d'ordonner les "données" selon le concept de l'Action Réciproque "comme la biologie ordonne les "Facts" naturels selon le concept du "Vivant". "Ce n'est qu'en approfondissant la façon dont les cellules s'attirent ou se repoussent, se détruisent les unes les autres, ou produisent entre elles des réactions chimiques, que l'on peut graduellement comprendre comment un corps prend sa forme, la conserve ou l'altère. Une science, ne tenant compte que du cœur et des poumons, de l'estomac et des reins, du cerveau et des organes moteurs, grands organes dans lesquels les facteurs essentiels de la vie et leurs réciprocités d'actions se sont réunis en des formes distinctes et des fonctions macroscopiques, n'aurait jamais pu faire concevoir l'ensemble de la vie. Il a fallu pour cela que ces innombrables mouvements et échanges entre les plus petits éléments qui sont pour ainsi dire résumés seulement par les éléments macroscopiques, se soient révélés comme constituant l'essence et le fondement de la vie réelle" (5).

Le concept qui détermine l'unité de la société est celui de "l'Action réciproque" entre les individus qui constituent une réalité propre tendant vers la formation d'une abstraction qui est la société: "La société constitue un concept abstrait, mais chacune des innombrables expressions et assemblages de ce concept embrasse un objet donnant lieu à une recherche ou méritant d'être étudié" (6).

2- Fondements du concept simmelien d'action réciproque

a) Tout d'abord, le concept d'action réciproque simmelien repose sur trois dimensions.

- L'objet de la connaissance est basé sur les existences individuelles et leurs états (principe de l'individualité). "La juxtaposition solitaire des individus par des formes d'existences communes et solidaires relève du concept général d'action réciproque..." (7)

- L'objet de la connaissance est basé sur les formes d'interactions entre les individus du point de vue de leur action commune (ensemble - avec et pour) Principe de la socialité (Sozialität).

La psychologie tient une place prépondérante pour compréhension de ces phénomènes sociologique: "Les formes qu'affectent les groupes d'hommes unis pour vivre les uns à côté des autres ou les uns avec les autres, voilà donc le domaine de la sociologie" (8).

- L'objet de la connaissance est basé sur les évènements objectifs et concrets (formulés conceptuellement) (principe de l'objectivité - principe der Sachlichkeit) comme les formations supraindividuelles ou grands organismes ou systèmes. "Il faut réserver le terme de société aux actions réciproques durables, particulièrement à celles qui sont objectivées dans des figures uniformes caractérisables, tels l'état, la famille, les corporations, les églises, les classes, les groupes d'intérêt..." (9).

Nous constatons qu'à travers la multiplicité des actions réciproques qui forment une société, Simmel essaye d'apporter un certain ordre. Ainsi, bien que Simmel soit hostile à tout système, la scientificité exige néanmoins qu'il systématise sa recherche.

b) Le concept d'action réciproque ainsi repose sur la conception de la société chez Simmel.

Pour Simmel, la société est donc un mode d'être, une formation issue du social (Gestaltungsweise); elle n'existe que là où plusieurs individus entrent en interaction; leurs actions qui sont le résultat de leurs instincts et leurs volontés dirigées (buts) forment une unité qui devient une société "Je vois une société partout où des hommes se trouvent en réciprocité d'action et constituent une unité permanente ou passagère" (10). Ces actions réciproques ne sont cependant pas amorphes, elles ont reçu une forme (...sind geformt). Simmel entend par forme la manière selon laquelle les éléments entrent en dépendance réciproque pour former une certaine unité: "Die Art, auf die Elemente sich aufeinander beziehen und sich zu irgendeiner Einheit zusammenfassen".

La somme de ces formes constitue pour Simmel la société: "Gesellschaft ist die Summe jener Beziehungsformen, Vermöge deren aus den Individuen eben die Gesellschaft im ersten Sinne wird". La société devient aussi le concept (sommaire) de toutes ces formes d'interaction. Simmel va plus loin en affirmant que la société est identique à la somme de ces rapports "Gesellschaft ist mit der Summe dieser Beziehungen identisch".

Simmel fonde sa sociologie sur l'étude des formes de ces actions réciproques: "Si l'on peut dire que la société est l'ensemble des actions réciproques des individus, il y aurait à décrire les formes de cette action réciproque, une tâche pour la science de la société au sens le plus étroit et le plus vrai du terme de "Société" (11).

Simmel analyse dans ses travaux sociologiques les formes de l'action réciproque qui sont elles-mêmes socialisation "Sie sind Vergesellschaftung". La socialisation n'est pas pour Simmel une conséquence ou un effet découlant de ces actions réciproques, "la socialisation est la forme qui se réalise suivant d'innombrables manières différentes, grâce auxquelles les individus, en vertu d'intérêts - sensibles ou idéaux, momentanés ou durables, conscients ou inconscients, causalement agissants ou téléologiquement stimulants – se soudent en une unité au sein de laquelle ces intérêts se réalisent" (12).

Il s'agit donc pour Simmel d'extraire les "formes pures de la socialisation". Simmel procède à une séparation entre les formes et contenus de la vie sociale. L'essentiel de la méthode simmelienne est résumé dans le paragraphe suivant: "la séparation de la Forme et du

Contenu, qui m'est venue de la théorie de la connaissance, je l'ai développée comme un principe méthodologique dans une discipline spéciale: J'en suis arrivé à une nouvelle conception de la sociologie, en distinguant les formes de la socialisation de leurs contenus comme les impulsions, les fins et les capacités positives; ce n'est qu'une fois ces contenus ont été absorbés dans les actions réciproques des individus qu'ils deviennent sociaux. C'est pourquoi j'ai fait de l'analyse de ces types d'action réciproque l'objet de la sociologie pure". (Cette citation de Simmel constitue l'ouverture de l'ouvrage commémoratif publié par Kurt Gassen et Michael Landmann, à l'occasion du centième anniversaire de la naissance de Georg Simmel et qui s'intitule "Buch des Dankes au Georg Simmel" (1958). "Anfang einer unvollendeten Selbstdarstellung" "Début d'une autobiographie inachevée").

Par contenu, Simmel entend: "Tout ce qui se manifeste chez l'homme sous forme de tendances, intérêts, fins et inclinations, conformité et mobilité psychique... tout cela je le désigne en quelques sortes comme matière de la socialisation" (13).

Simmel explique sa méthode par le fait que "Les causes particulières et les fins, sans lesquelles naturellement il n'y a pas d'association sont comme le corps, la matière du processus social que le résultat de ces causes, que la recherche de ces fins entraîne nécessairement une action réciproque, une association entre les individus, voilà la forme que revêtent les contenus. Séparer cette forme de ses contenus au moyen de l'abstraction scientifique, telle est la condition sur laquelle repose toute l'existence d'une science spéciale de la société" (14). La sociologie simmelienne repose donc sur cette considération abstraite "des formes sociales".

3- Analyse du concept de la forme

• ***Les 3 "a priori" simmeliens***

Simmel pose 3 conditions ou plutôt 3 "a priori" pour l'émergence d'une forme d'action réciproque.

a) L'individu doit retrouver un côté "général" chez son semblable "Ein Allgemeines" qui complète son individualité.

L'homme véritable (réel) se situe d'après Simmel entre les deux pôles du "général-humain et de l'individualité". Une connaissance de l'autre est une condition de l'action réciproque sociologique "Savoir a qui l'on a à faire telle est la condition première pour avoir à faire à quelqu'un; l'usage de se présenter l'un à l'autre, lors d'une conversation prolongée ou d'une rencontre sur le même terrain social, même s'il apparaît largement comme une forme creuse, symbolise bien cette connaissance réciproque qui est l'a priori de toute relation."(15) et il suffirait de savoir que l'autre possède les mêmes tendances (typique) et les qualités réciproques "die ganz typischen Tendenzen und Qualitäten". Le "général humain" serait donc à le base de toute action sociale et se trouverait en réciprocité permanente avec l'expérience commune ce qui nous amène à conclure que les membres d'un groupe sont à le fois des individus mais aussi des types sociaux. Cet a priori serait selon Simmel la condition à partir de laquelle la sociologie s'attacherait à répondre à la question suivante:"Quelles différences de niveau, mesurées d'après des critères idéaux quelconques y a-t-il entre les phénomènes sociaux et les phénomènes individuels?" La question devient la suivante: "quels sont les traits communs qui se dégagent de ces faits lorsqu'on les considère du point de vue sociologique?" (16).

b) Mais pour Simmel "Tout les faits sociaux ne sont pas uniquement sociaux" (17) et là nous arrivons au second a priori simmelien.

Chaque individu doit retrouver le côté "Particulier" chez son semblable

“Einzelhaftes”. L’individu est à la fois un élément dans la société et en dehors de la société. La non socialisation d’un côté de l’être humain et son existence individuelle constitue la condition logique du concept de rôle social. L’idée d’asocialité de l’individu est importante pour l’analyse de l’action réciproque et constitue la matière de l’opposition Individu/Société et une nécessité pour le fonctionnement des systèmes du rôle social. C’est pour cette raison que nous allons approfondir cet a priori fondamental pour la compréhension de la sociologie simmelienne. L’homme n’est pas par nature un être social. La socialité fait partie de sa façon d’être mais pas de son essence. Il est à vrai dire capable de liaison et de rapport mais il n’est pas esclave d’un rapport automatique (Bündnisfähig, Bündnisautomatik). Il n’existe pas d’instinct social. Par conséquent la sociologie est pour Simmel une perspective, une façon de voir la vie en général, la vie dans le domaine de l’action réciproque entre les hommes et dans la formation des groupes (Bildung von Gruppen).

Mais tout dans l’homme n’est pas automatiquement atteint (touché) par l’effet de l’action réciproque. Le devoir du sociologue se limite à mesurer la contribution de telles socialisations par rapport à la totalité de l’existence humaine. Autrement dit il s’agit pour lui de découvrir le degré de société qui existe dans toute société et le degré de “perte de société” d’où le caractère mobile et jeune de toute société qui reste toujours à l’état d’essai.

L’idée d’asocialité de l’individu est un a priori dont il faut tenir compte pour la compréhension de tout rapport humain. L’individu possède ce degré profond d’individualité “tiefsten lndividualitätsgrad”, qui lui permet d’ailleurs d’agir sur l’action réciproque en changeant sa direction, sa signification, son interprétation selon le flux de sa vie et sa forme, selon les circonstances changeantes la considérant comme une réponse et non comme une réaction.

Pour Simmel la dualité de l’homme est un a priori: il vit à la fois pour lui-même tout en étant socialisé. Cette qualité de l’homme fait que la socialisation devienne un acte de volonté. L’action réciproque est une activité d’échange imposée par la nécessité spirituelle à l’intérieur de la nécessité matérielle. Agir en interaction signifie agir d’une façon sensée et morale.

Tönnies choisit le mot volonté (Wille). L’homme est autonome dans la socialisation comme dans la désocialisation (ver–und ent-gesellschaftung). Le “social” apparaît ici comme un sous-groupe de l’interaction basée sur la “formation de groupes” et sur les rapports positifs (positive Verhältnisse). Le social comme possibilité a l’intérieur même de l’interaction.

L’asocialité présente dans tout processus de socialisation doit être considérée comme une façon d’être de l’homme: elle est la condition même de toute socialisation qui n’existe que grâce à elle. Il faut aussi séparer le Mien du Tien (Mein und Dein). La phrase clé est: “Sois ami à tes amis et ennemi à tes ennemis” (Sei Freund deinen freunden und Feind deinen feinden).

c) L’homme doit retrouver ce qui est “Particulier chez son semblable” “Ein besonderes” car ce ne sont que ses qualités particulières qui le rendront intéressant dans un but socialisant.

La société, en tant que schéma, orientera l’individu selon ses particularités. Le conflit Société/Individu trouve ainsi qualitativement une solution. Pour Simmel la société est une “Formation” d’éléments inégaux “Ein Gebilde aus ungleichen Elementen” qui travaillent en commun mais qui sont fort différents. Plus la société évolue et plus elle a besoin des qualités de “l’humain particulier” “des besonders Menschliche”. Ces particularités de “l’humain” donnent un sens profond aux actions réciproques entre individus agissant avec - et - à cause de ces particularités (18). Simmel n’est cependant pas utopique, il sait par expérience personnelle que l’individu ne reçoit pas toujours la place qui lui est due dans la société. Ce dernier a priori est pour Simmel un principe heuristique. Pour lui la vie en société se déroule comme si chaque élément était prédestiné à sa fonction et ses membres se situant dans un rapport d’unité. A ces 3 a priori, Simmel ajoute les réflexes psychologiques comme la “fidélité, la reconnaissance et l’amour en général comme conditions à priori de l’action réciproque.

Pour Simmel, la vie sociale est imprégnée par les effets réciproques des différents sentiments qui agitent les individus; ces sentiments sont des conditions pour la solidité et la cohésion des actions réciproques existantes.

4- Analyse sociologique du Formisme

Dans son livre sur l'analyse du "Formisme sociologique" Michel Maffesoli (19) qualifie cette attitude de "procédure métanoïaque", se basant sur la notion "d'Einfühlung" qui veut dire "empathie". Cette procédure s'oppose à la construction "paranoïaque" dont l'accent est mis sur la construction, la critique, le mécanisme et la raison.

L'attitude métanoïaque, comme le remarque Habermas (20), s'appuie sur la compréhension herméneutique qui doit employer les catégories inévitablement générales pour saisir un sens inaliénablement individuel. Le recours à la "forme" est une nécessité permettant une mise en place de "catégories invariables" échappant à l'emprise des spécificités historiques. La forme permet d'être attentif au "Particulier" sans pour autant négliger les caractères essentiels.

Le formisme qui est le propre d'une "sociologie compréhensive" est né de la prise de conscience qu'il n'y a pas une "seule réalité" mais des manières différentes de la concevoir. Le formisme ne propose pas un système mais il crée "des conditions de possibilités" pour la "compréhension de l'expérience Etre- Ensemble" sociétal.

Maffesoli cependant, ne réfute pas pour autant les autres systèmes: "les grands systèmes qui ont marqué notre époque, Marxisme, Freudisme, Positivisme ne sont pas à réduire, ni à invalider pour ce qu'ils sont; il s'agit de montrer qu'ils sont issus et qu'ils expliquent une période donnée et qu'ils ne sont plus adéquat pour décrire le processus d'hétérogéneisation consécutif à la décadence de cette civilisation" (21).

Les sociologues modernes ne prétendent plus au savoir universel, ni à être directement opérationnel. Leur sociologie est "une mise en perspective, un point de vue". Maffesoli parle d'une vision "stéréoscopique" qui repère divers angles d'attaque, une mise à jour de quelques "formes sociales" que l'on retrouve avec constance dans le devenir humain. Ferdinand Tönnies: “Le Formisme a la capacité de saisir l’exubérance de l’apparence sociale et il n’y aurait de véritable démarche sociologique que dans la saisie des formes pures et non dans celle des réalités singulières” (22).

On constate une invariance formiste à travers la multiplicité des modulations. “L’Archétype et le Stéréotype” participent a la même dynamique. Opposant le “Concept” classique à la “Forme” Maffesoli dit que le concept a une forme d’exclusion alors que la forme, elle agglomère, elle bourgeonne, elle donne naissance à une multiplicité de radicelles, qui à leur tour essaiment à l’infini.

Le terme qu’employait à ce propos Pareto est tout à fait pertinent: “Le Résidu” autour duquel se meuvent les diverses “dérivations” à une connotation germinative. “Le repérage permet d’éclairer d’un jour nouveau toute efflorescence subséquente” (23).

Contrairement aux autres systèmes sociologiques l’attitude formiste est d’après Maffesoli respectueuse de la banalité de l’existence, des représentations populaires et des minuscules créations qui ponctuent la vie de tous les jours, elle reste attentive à l’éthique de l’instant (Bergson), qui ne se donne à voir qu’à travers la forme qu’il prend. Edgar Morin parle dans sa “Méthode” d’un “Processus de connaissance qui non seulement respecte mais révèle le mystère des choses” et ajoute qu’il s’agit d’un mouvement tourbillonnaire qui va de l’expérience phénoménale aux paradigmes qui organisent l’expérience” (24).

Dans ses travaux sociologiques, Simmel ne propose aucun procédé méthodologique, sa devise est la suivante: se rapprocher le plus possible de la réalité, ne pas adopter un système car celui-ci ne la rendra jamais fidèlement. La seule voie possible est “l’Intuition” ou comme dirait Dilthey “une expérience intérieure” “Eine innere Erfahrung”.

Pour ces sociologues, l’image de la nature nous est “donnée” voilée d’une ombre qu’il faudrait enlever afin d’accéder immédiatement à la réalité, la seule voie possible est le pas à franchir du donné isolé vers le tout intégré (25).

Dilthey parle même d’une révolution paradigmatique comparable à celle de la Grèce antique pendant les 5^{éme} et 4^{éme} siècle avant Jésus Christ.

L'essentiel pour ces sociologues est de rechercher le "royaume de la liberté" "Das Reich der Freiheit" dans lequel l'homme ne reconnait que la réalité existante de sa propre conscience (26).

Cette réalité à rechercher n'est donc pas celle de la réalité géométrique ou mathématique, le sociologue ne peut donc pas procéder d'une façon uniquement scientifique "l'intuition lui est imposée, en tant qu' "organe pour l'expérience immédiatement donnée".

A ce sujet, Simmel a été sujet à maintes critiques lui reprochant de n'avoir pas toujours su choisir ses exemples pour exprimer la réalité. Simmel ne s'en disculpe pas en affirmant que cette intuition doit être la "préforme" d'un système qui cherche encore son accomplissement.

L'intuition dans la méthodologie simmelienne a une signification fondamentale pour l'élaboration d'une science systématique et analytique du social.

La sociologie simmelienne est une science de la société à l'image de la science de la nature, ou "Science de l'art" (27). La réalité qu'elle reflète est dissoute en une série de concepts dans un but de connaissance scientifique. Les concepts ne saisissent normalement qu'un trait typique de la réalité mais par un processus de complémentarité ou de limitation ils peuvent aboutir à une connaissance plus complète de la réalité.

Pour Simmel, il n'existe pas une seule valeur mais plusieurs valeurs. Cette révolution dans la manière de concevoir la réalité est selon Gilbert Durand "une manière de reconnaître l'ambiguïté profonde" qui est à la source de tout "processus civilisationnel" (28).

Pour Maffesoli, "le Polythéisme des valeurs" superbement ignoré par la tradition sociologique française n'est pas autre chose que cet "antagonisme" reconnu. Il faut que la sociologie sache intégrer des paramètres que le Positivisme dominant avait écartés. Le sociologue doit trouver la "Méthode" qui lui permette de résonner à toutes les vibrations qui traversent le corps social.

L'Analogie - la Métaphore - la Correspondance - le Paradoxe sont des instruments de choix. "Il s'agit d'appréhender la dynamique de l'événement en écoutant le discours d'à côté qui est certainement un écho d'un discours plus lointain" (29).

C'est la "subordination des idées au faits", ceci va à l'encontre des conceptions reposant sur l'idée, la théorie et le système.

Dans cette logique, Max Weber dit que "Toute œuvre scientifique achevée n'a d'autre sens que celui de faire naître de nouvelles questions; elle demande donc à être dépassée et à vieillir. Celui qui veut servir la science doit se résigner à ce sort" (30) et G. Simmel dit que "Pour juger un événement on ne s'orientera plus d'après un but final placé en dehors de cet événement et qui lui octroierait sa mesure". Il faudra plutôt l'apprécier pour lui-même comme raccourci ou un concentré de l'existence toute entière.

On s'achemine, selon l'expression de Durand, vers "une communication expérimentée". C'est le rapport avec le monde, fondé sur une expérience intuitive (Einfühlung = Empathie = Communication intuitive avec le monde), ceci nous renvoie à un sentiment "cosmique" qui s'oriente vers "le vrai organique" le vivant". C'est, dit Simmel, "cette façon de se sentir soi-même dans les choses" "Sich in den Dingen fühlen" (31). Et Simmel va jusqu'à considérer l'intuition comme l'expression même de la vie et la seule réponse aux problèmes posés par elle, ce qui signifie "que seule la vie est en état de comprendre la vie" (32).

5- Etude des types de formes sociales simmeliennes

Sur la base des "a priori", Simmel va concentrer tous ses efforts à étudier les types de formes de l'action réciproque.

Tous ses écrits en sont le témoignage mais nous nous bornerons ici à ses contributions fondamentales à la sociologie. Simmel ne dresse pas en effet un catalogue des "formes" car et il le dit lui-même, il n'y a rien de définitif dans la société, tout est perpétuel mouvement et apparition de nouvelles formes. "La société n'a pour ainsi dire rien de substantiel, rien de concret en soi, elle serait un devenir (Geschehen), c'est-à-dire la fonction qui consisterait à recevoir et à produire la destinée et le façonnement de l'individu l'un par l'autre" (33).

Donald Levine dans son ouvrage intitulé Georg Simmel on lndividuality and Social Forms (34) a le mérite d'avoir analysé, peut-être mieux que Simmel lui-même, les phénomènes sociaux qui apparaissent dans toutes les formes de socialisation.

Il y a pour Levine quatre sortes de Formes dans l'analyse simmelienne:

- Forme comme "Action Sociale élémentaire"
- Forme comme "Institution"
- Forme comme "forme de jeu' indépendante"
- Forme comme "Monde"

• *Forme comme "Action sociale élémentaire"*

A la différence de sociologues de son temps, Simmel ne s'intéressait pas seulement aux faits massifs ou à la société en général, mais aussi aux détails de la vie de tous les jours, à ce que nous appelons aujourd'hui "Sociologie de la vie quotidienne". Pour cela il a été l'un des premiers théoriciens de la psychologie sociale. Simmel dit à ce sujet "En se bornant à ces grandes formes, la vie se désagrégerait en une série de systèmes différents. Ce serait comme si l'étude du corps humain se bornait aux grands organes différenciés et visibles à l'œil nu et faisait abstraction des opérations cellulaires innombrables variées et compliquées que le microscope a découvert" (35). Simmel compare ici l'état de la sociologie de l'époque à l'état de la biologie avant la recherche microscopique. Simmel introduit donc dans la recherche sociologique la recherche des processus primaires purement individuels.

La forme d'action réciproque microscopique montre la société dans sa forme la plus dénudée à travers laquelle la société devient ce qu'elle est réellement "il s'agit d'étudier le réel dans son devenir, dans la dynamique de l'agir et du subir par lesquelles les individus se modifient réciproquement" (36).

Simmel explique les motivations de "l'action réciproque" par les intérêts, les inclinations, les sentiments, il prêtait le flanc a ce genre de critique: "les hommes se regardent les uns les autres, ils se jalousent mutuellement, ils s'écrivent des lettres et déjeunent ensemble, ils éprouvent sympathie et antipathie par delà tout intérêt tangible; de même, la reconnaissance pour un acte altruiste crée des liens indéfectibles; l'un demande son chemin à l'autre; ils s'habillent et se parent les uns pour les autres: ces milliers de relations de personne à personne, momentanées ou durables, conscientes ou inconscientes, superficielles ou riches en conséquences, parmi lesquelles nous avons choisi tout à fait arbitrairement les exemples cités, nous lient constamment les uns aux autres" (37). Devant une telle attitude, la question qui se pose est la suivante: sommes-nous (à l'égard du programme simmelien) en présence d'une psychologie qui tend à réduire les phénomènes sociaux à des mécanismes psychologiques, ou sommes-nous en présence d'une sociologie des émotions, science qui analyserait les points d'imputation des émotions dans les cadres sociaux?

Simmel efface toute ambiguïté en affirmant que "la socialisation est un phénomène psychique" "Vergesellschaftung ist ein psychiches Phänomen", et pense qu'il est du ressort de la sociologie et non de la psychologie, d'observer ces rapports, de les analyser. A ce propos il affirme: “de même que tout ce qui arrive, arrive dans l'âme, de même sous un autre point de vue, tout ce qui arrive, arrive dans la société; ou bien que tout soit donné en réalité, sous la condition d'une conscience, tout n'appartient pas, pour cela, à la psychologie: il ne serait pas plus légitime de supposer que, parce que tout est donné dans la société et sous la condition de son existence, tout appartient du même coup à la sociologie” (38).

Simmel était conscient du danger d'une telle attitude. Son orientation psychologiste a fait en effet l'objet de reproches, de la part des sociologues comme Weber. Cependant il fait remarquer que si les formes sociales présentent des aspects psychiques, on ne saurait néanmoins les y réduire: “Il est de la plus grande importance du point de vue méthodique et même décisif pour les principes des sciences de l'esprit en général que l'analyse des faits spirituels ne soit pas obligatoirement une démarche psychologique (39).

Bien que Simmel n'ait jamais mentionné dans ses ouvrages une sociologie des émotions, on trouve dans toute son œuvre une analyse minutieuse de certains sentiments tels que l'amour, la haine, la jalousie, l'envie, la gratitude, la fidélité etc… bref l'analyse des émotions occupe une place prépondérante dans son programme sociologique de recherche. Ce thème est aussi d'un grand intérêt pour la recherche sociologique actuelle.

Les sociologues qui partageaient le même intérêt que Simmel pour la sociologie des émotions devaient accomplir des efforts de recherches considérables. 80 ans plus tard, ils n'ont plus à subir le même reproche de psychologisme dont a souffert leur pionnier G. Simmel, étant libérés de la contrainte de légitimer la sociologie en tant que discipline académique autonome les sociologues et pourraient bien se rallier au programme sociologique simmelien. Dès lors, un programme sociologique d'analyse des émotions peut être envisagé.

Les émotions peuvent être complémentaires tels que la discrétion, la pudeur (diskretion und Scham) sentiments qui découlent l'un de l'autre.

Les émotions peuvent être antagonistes (Exemple: amour - haine - jalousie)

Les émotions peuvent être (Exemple: amour-indifférence)

Les émotions peuvent être positives et se renforcer réciproquement (Exemple: fidélité - amour)

Les émotions peuvent être négatives et se détruire réciproquement (Exemple: amour- jalousie)

Simmel divise les émotions en 2 catégories:

1) les émotions primaires

2) Les émotions secondaires

Les émotions primaires sont des émotions qui sont à l'origine du processus de "l'action réciproque". Nous citerons à titre d'exemple l'essai "Fragment über die Liebe" (Fragments sur l'amour) (40). Ce qui intéresse particulièrement Simmel, ce n'est pas l'amour lui-même mais la relation complexe qu'il provoque.

Il n'y a pas seulement l'amour entre un homme et une femme mais divers amours "amour de Dieu, amour de la patrie, amour chrétien du prochain, amour envers un ami ou amour rationnel de l'état humanitaire". La relation amoureuse est toujours dualité car c'est à partir du "concept sujet/objet que l'amour révèle le plus fort, l'immanence morale de l'appréhension du monde" (41), l'autre est "mon amour". Cependant cet "amour" n'existe pas dans l'absolu. Il est la représentation du sujet: "l'aimé est en tant que tel un autre, naissant d'un autre à priori que l'être connu, ou redouté, indifférent ou révéré… L'objet de l'amour dans toute sa signification catégorielle n'existe pas avant l'amour mais seulement par lui" (42). C'est dans ce sens que l'amour est créateur d'action réciproque et donc très important sur le plan aussi bien psychologique que sociologique.

Simmel va plus loin en attribuant à l'amour une signification métaphysique "l'amour est en toutes circonstances une fonction de la totalité relativement indifférenciée de la vie" (43).

Les émotions secondaires sont des émotions qui résultent de "l'action réciproque". Il s'agit de sentiments sociaux comme la fidélité à un mari, à un parti, la gratitude envers un bienfaiteur.

Simmel analyse la relation qui existe entre deux types d'émotions et dans quelles mesures les institutions (formes objectivées) les aident ou les empêchent de s'épanouir. Il cite l'exemple de l'enterrement qui permet l'expression des sentiments de la douleur et du deuil.

Par ailleurs, la démocratie conseille le sentiment de confiance pour tous les procédés suivants: vote, loi de la majorité, représentation… Ces émotions dites secondaires conduisent à la conclusion qu'il existe un élément calculateur "kalkulierendes Element" qu'il serait important d'étudier afin de déceler l'influence du contexte institutionnel sur les émotions et il serait intéressant de savoir quel type d'émotion aurait besoin d'une protection institutionnelle pour survivre socialement.

Il serait intéressant de rechercher en outre les différentes techniques sociologiques qui permettraient de travailler sur les émotions. Certaines professions sont même aptes à le faire: le prêtre, l'hôtesse de l'air, le politicien de parti pourraient intégrer à leur travail une (gestion des émotions).

Simmel considère l'individu à la fois comme créateur du processus d'action réciproque et aussi comme sujet subissant le processus d'action réciproque. A la question, comment les individus créent l'action sociale, Simmel donne la primauté à la dimension active de l'individualité. On retient l'exemple de la coopération cité plus haut. L'individu crée la forme de la coopération. Plus tard, il peut transformer cette forme en "hostilité et concurrence". Son activité créative est donc capable de changer les formes d'action existantes selon ses motivations et ses sentiments.

Lorsque Simmel affirme que les individus forment des groupes grâce à leurs actions réciproques et qu'à leur tour ils se définissent à travers l'existence de ces groupes, ils laissent transparaitre l'existence d'une dimension passive de l'individualité qui est la douleur (das Leiden) (44). Etant donné que les hommes ne sont pas libres de choisir les conditions dans lesquelles ils veulent vivre, il serait intéressant d'étudier comment leur sensibilité émotionnelle s'en trouve affectée, exemple: la haine ou l'amour qu'ils éprouveraient l'un pour l'autre sont les résultats émotionnels d'expériences vécues dans d'autres formes d'interaction.

Simmel estime qu'il n'y a pas de solution définitive: la vie qu'elle soit biologique, psychologique, historique ou sociale est sans cesse confrontée à ce mouvement. Simmel analyse l'engagement émotionnel de l'individu, uniquement du point de vue sociologique, c'est-à-dire, en mettant l'accent sur la réciprocité de l'action et sa dynamique. "La prédominance de tel ou tel sens, dans un rapport entre individus colore souvent ce rapport d'une nuance sociologique qui n'aurait pu sans cela être obtenue" (45).

Pour Simmel, non seulement les émotions humaines mais aussi les sens sont d'une grande signification sociologique.

Dans son essai sur la sociologie des sens "Soziologie der Sinne" Simmel fixe clairement l'objet de sa recherche: "Je me propose d'analyser les différents faits provenant de la constitution sensorielle de l'homme, les modes d'aperception mutuels et les influence réciproque qui en dérive dans leur signification pour la vie collective des hommes et leur rapport les uns avec les autres, les uns pour les autres, les uns contre les autres... (46).

Simmel analyse dans cet essai l'importance sociologique de la vue, de l'ouïe et de l'odorat.

La réciprocité née d'un échange de regard entre deux personnes et la réciprocité "la plus immédiate et la plus pure" et une relation peut naître à partir de cet échange de regard "la manière particulière de "connaître" par l'œil, manière si importante au point de vue sociologique, est caractérisée par ce fait que la figure est l'objet essentiel d'un échange de regards" (47).

Nous constatons que cette analyse est orientée vers la connaissance de l'autre qui est un a priori vers une action réciproque: "Voulons nous savoir qui est l'homme, quelle est la substance durable de son être, ou bien nous posons la question: comment est-il en ce moment? que veut-il? que pense-t-il? que dit-il? c'est la division du travail entre les sens qui va constater cette différence et l'établir dans les grandes lignes" (48).

L'odorat joue aussi un rôle sociologique important. Simmel lui attribue par exemple l'origine du racisme aux Etat Unis "La réception des nègres dans la haute société de l'Amérique du Nord semble déjà être impossible à cause de leur odeur corporelle, et l'on a attribué à la même cause la fréquente et profonde aversion mutuelle des germains et des juifs" (49).

Simmel recherche donc la signification psychologique de ces organes de sens et les réciprocités qu'ils engendrent pour comprendre la société "Quand ces nombreuses formes de l'association auront été établies intuitivement et qu'on aura trouvé leur signification psychologique, alors seulement on pourra penser à résoudre la question: qu'est -ce que la société" (50).

On a souvent qualifié Simmel de "sociologue de la vie quotidienne". A ce sujet, nous avons choisi le chapitre intitulé "Le secret et la société secrète" paru dans son livre "Soziologie" (1908), où Simmel analyse les modes particuliers de socialisation à travers les formes spéciales de leur réalisation.

Le "secret" implique une forme d'action réciproque au sein de la société car "si la socialisation humaine est déterminée par la capacité de parler, elle est modelée par la capacité de se taire" (51).

Simmel va se livrer dans cette étude à une analyse phénoménologique de ces orientations réciproques en s'interrogeant sur les conditions de la connaissance mutuelle et sur les types propres à cette connaissance. Il décrit la relation sociale comme un processus de mise en œuvre d'un savoir réciproque "savoir, à qui l'on a à faire, telle est la condition première pour avoir à faire à quelqu'un" (52). Ce savoir réciproque constitue l'a priori de tout rapport individuel et social.

La question est bien entendu celle de la limite et de la validité de ce savoir. Une partie de l'individu échappe obligatoirement à cette connaissance et dépend de "l'image que se fait l'un de l'autre" (53). Or cette image peut ne pas correspondre à la réalité ou contenir une part d'erreur car "aucune connaissance psychologique n'est une simple copie de son objet… quoi que nous disions, au-delà de l'interjection et de la communication minimale, jamais nous ne produisons immédiatement et fidèlement ce qui se passe réellement en nous pendant ce temps, mais une métamorphose de la réalité intérieure" (54). Cette condition préalable (à priori) est à l'origine du mensonge ou "dissimulation mensongère" dont la nature profonde est de faire naître l'erreur sur le sujet qui ment. En ce sens, le mensonge et son contraire la sincérité sont "d'une importance capitale pour les relations que les hommes entretiennent entre eux" (55).

A côté de sa valeur négative sur le plan moral le mensonge possède une signification sociologique importante dans la mesure où il est l'expression de "la limitation de la connaissance réciproque", la limitation fait partie de la nature même de la relation entre les hommes.

Avant d'arriver à l'analyse du secret, Simmel analyse d'abord le sentiment de la confiance qui est selon lui une des formes de synthèse les plus importantes au sein de la société et qui se situe précisément entre le savoir et le non-savoir de l'autre. "La confiance n'exige pas la connaissance véritable de la personne". Cette importance de la confiance dans la vie sociale est attestée par le fait que nous sommes amenés dans d'innombrables situations à faire confiance d'une part, à ce que l'autre nous présente de lui, mais aussi d'autre part à des actes, des résultats d'activité scientifique que nous ne pouvons pas vérifier.

Avec le développement social, le rôle de la confiance est encore accru et Simmel dira que la vie moderne repose sur le crédit dans un sens beaucoup plus étendu que le simple sens économique de ce mot ne le laisse entendre. Dans la vie sociale de la grande ville, nous sommes amenés à faire crédit de manière incessante. La confiance, le fait d'accorder du crédit à quelqu'un sont ces liens subtils qui rendent la vie sociale possible. Simmel illustre ainsi son programme de recherche, dont l'objectif est à travers l'étude de ces formes élémentaires d'action réciproque, de décrire la socialisation qui "se tisse, se défait et se tisse à nouveau en un flux et une pulsation ininterrompue" (56).

Si nous sommes amenés à faire confiance, c'est parce que l'autre ne peut jamais être totalement connu. Ainsi s'amorce et s'annonce une réflexion sur le secret comme ce qui n'est pas divulgué, mais aussi comme ce qui peut être sciemment scellé ou tue.

Mais avant d'aborder le secret, Simmel étudie les autres conditions de possibilité de l'interaction en fonction d'un savoir réciproque. Parmi ces conditions, il y a la relation intime telle que l'Amitié ou l'Amour. L'amitié est l'engagement du moi tout entier dans la relation; c'est pour Simmel la chose la plus difficile de notre culture car "peut-être l'homme moderne a-t-il trop de choses à cacher pour connaître une amitié au sens antique du terme" (57) et l'homme moderne tend plutôt vers les amitiés différenciées.

Ces amitiés différenciées sont selon Simmel très importantes du point de vue de la discrétion, de la révélation ou de la dissimulation.

Etre discret c'est renoncer à connaître tout ce que l'autre ne montre pas de son plein gré. La discrétion joue un grand rôle dans la vie quotidienne et particulièrement dans les relations intimes telle que le mariage où la tentation de fusionner est grande et où la discrétion peut sauver l'avenir de la relation menacée par le danger du "Don de soi" car "nous sommes ainsi faits, que nous n'avons pas seulement besoin d'une certaine part de vérité et d'erreur comme base de notre vie mais aussi d'une proportion de clarté et de flou dans l'image des éléments qui la constituent" (58).

Simmel analyse ensuite la forme du secret et son rôle dans la société et illustre ce rôle sur un modèle d'association, celui de la société secrète. D'abord et avant toutes choses, Simmel souligne l'importance du secret, "toutes les relations entre les hommes ou les groupes sont caractérisées par la quantité de secrets qu'elles comportent" (59).

La signification sociologique du secret est l'isolement, l'opposition, l'individualisation, thèmes chers à Simmel et occupe une grande place dans sa sociologie.

Le secret est en quelque sorte créateur de mondes parallèles à côté du monde apparent ou du monde réel.

Le rôle sociologique du secret est néanmoins de nature individuelle. "Le secret est un moment d'individualisation de première importance". On connait la valeur positive que l'individualisation occupe dans la sociologie et la philosophie de Simmel.

Respecter le "Secret de l'autre", c'est alors agir avec tact, discrétion, réserve, autant d'éléments dont Simmel relève l'importance pour la vie dans la grande ville. Simmel met en relation le secret, son extension éventuelle, avec la théorie de la "différenciation sociale", de "l'entrecroisement des cercles sociaux" et de la croissance de l'individualité.

La grande ville comme l'économie monétaire sont alors l'arrière plan sur lequel va se détacher la signification de la forme du secret pour le monde moderne.

Tout se passe comme si les affaires publiques devenaient plus publiques, alors que tout ce qui concerne l'individu comme centre devenait plus secret : "Les affaires publiques ont perdu leur caractère secret et inaccessible à mesure que l'individu acquérait la possibilité de se retirer de plus en plus complètement et que la vie moderne développait une technique pour garder secrète les affaires privées au milieu de la promiscuité des grandes villes, ce qui n'était, possible auparavant que dans l'isolement géographique" (60).

Pour Simmel, le phénomène "d'individualisation" est le résultat d'une moindre absorption de la personnalité entière de l'individu dans la société. Ce phénomène correspond ainsi à une décomposition de la personne en facettes diverses et pour Simmel c'est une des raisons de la transformation des relations individuelles qui sont devenues différenciées.

Simmel montre ensuite l'importance particulière du secret pour la formation des "cercles sociaux". Dans ce cas, ce n'est pas une part de l'individualité qui reste secrète mais l'association elle-même.

Simmel analyse les catégories essentielles qui apparaissent d'elles-mêmes dans la société secrète.

La première qualité de la société secrète est d'abord "d'exclure tout ce qui n'est pas inclus" (fait d'une grande portée sociologique).

Elle se base sur la confiance réciproque de ses éléments: "Confiance dans l'aptitude aux affaires, dans la conviction religieuse, dans le courage ou l'amour, dans une bonne mentalité, ou encore dans les cas d'associations criminelles, dans la rupture radicale avec des velléités morales" (61). Le secret est cependant menacé par l'indiscrétion qui au sein de ces sociétés peut être combattue par plusieurs moyens tels que le serment, la menace, la sanction et parfois même la menace violente. En même temps qu'il isole, le secret protège en offrant en contrepartie à ses membres une socialisation propre. Simmel cite les ordres religieux ou les associations politiques, qui protègent leurs membres d'une "manière aussi bien offensive que défensive" contre la violence parfois écrasante des pouvoirs centraux et en créant à l'intérieur du groupe une cohésion et une vie communautaire. Simmel cite l'aristocratie "la clandestinité a toujours fait partie des accessoires du pouvoir aristocratique" (62) qui veut toujours se détacher de la foule.

Au degré de cohésion particulier à l'intérieur des sociétés secrètes correspond leur centralisation affirmée, qui devient une nécessité et une condition pour leur existence. La décentralisation affaiblit leur force, c'est la raison qui explique la tendance de la franc-maçonnerie à perdre de son importance, étant dispersée de par le monde.

Le plus important dans l'analyse simmelienne est l'expression de la double fonction que remplit toute chose. La séparation est toujours accompagnée de liaison. "A cette accentuation de la séparation avec l'extérieur correspond comme partout, le repliement intérieur, puisque ce ne sont là que deux aspects ou deux manifestations d'un seul et même comportement sociologique" (63).

Le chapitre: "Le secret et la société secrète" que nous venons d'analyser, comporte aussi deux digressions, l'une sur la parure, l'autre sur le commerce épistolaire, la digression étant l'une des démarches déroutantes de Simmel qui fait que d'aucun apparente sa pensée à l'intellect sémitique. Nous nous bornerons à l'étude de la première digression "der Schmuck" car elle constitue pour Simmel une des "contradictions sociologiques les plus curieuses" (64). La Parure est à la fois un moyen de plaire aux autres et une façon d'affirmer son individualité: "On se pare pour soi et on ne peut le faire sans se parer aussi pour les autres" (65). De ce fait elle est un signe d'extériorité et d'intériorité, ou plutôt une manière dans laquelle l'extériorité et l'intériorité se combinent dans une forme spéciale ou "deux orientations opposées dépendent l'une de l'autre, chacune étant une fin et un moyen tour à tour" (66).

Aussi la parure est-elle un des aspects de l'ambivalence des socialisations où l'aspect esthétique exprime aussi "la revendication d'être soi-même" tout en se pliant au souci d'être agréable aux autres.

Du point de vue sociologique, la "Parure" est significative. La parure est impersonnelle dans la mesure où "elle a sa source dans l'idée de valeur propre à un milieu social et qui se ramifie en lui" (67) mais elle intègre cette impersonnalité dans une façon d'être soi-même. "Mais c'est justement au moyen d'un certain trait d'impersonnalité que se réalise cette accentuation de la personne" (68). La parure prend encore une signification particulière par le fait qu'elle exprime l'instinct de propriété: "Toute possession est une extension de la personne, ma propriété, c'est ce qui obéit à ma volonté, c'est à dire le lieu où mon moi s'exprime et se réalise extérieurement" (69).

Pour Simmel, le plus important est de démontrer à travers l'analyse de la parure comment les diverses aspirations humaines peuvent "exister côte à côte, paisiblement", ceci étant la preuve qu'à travers le "conflit de leurs manifestations secrètes" elle possède "une unité métaphysique plus profonde" (70).

Simmel ne cesse de mettre l'accent, dans l'analyse des relations sociales, sur le dualisme et le paradoxe, ainsi dans le chapitre consacré à la "Mode" (1895), il insiste sur le fait que "la mode" suppose à la fois distance et proximité: Distance vis à vis de ceux dont on cherche à se distinguer, proximité et imitation envers ceux qui suivent la même mode.

La mode "satisfait tout autant le besoin de distinction, la tendance à la différenciation, à la variété, à la démarcation" (71).

Sur le plan sociologique, la mode est une forme de vie qui "permet de conjoindre en un même agir unitaire la tendance à l'égalisation sociale et la tendance à la destruction individuelle, à la variation" (72).

La mode s'est objectivée, elle est devenue autonome par rapport à toute motivation qui l'a fondée.

L'essence de la mode réside dans l'instinct d'imitation de l'être humain: "l'imitation d'un modèle donné, la mode satisfait un besoin d'appui social" (73). Socialement elle sépare en ce sens qu'elle reste l'apanage des classes supérieures.

Simmel explique les changements rapides de la mode par le degré de "nervosité" des époques "plus l'époque est nerveuse et plus rapides sont les changements de mode parce que les besoins d'excitants différentiels, un des principaux vecteurs de toute mode va de pair avec la production des énergies nerveuses" (74).

Notre vie moderne est donc la plus appropriée à ces changements de mode. La mode possède en outre la qualité d'uniformisation ce qui favorise la fusion des différents milieux et par là même rehausse “l’homme insignifiant parce qu’elle en fait le représentant d’une totalité” (75). La mode a aussi un rôle de substitution et de compensation “il semble exister pour chaque classe d’hommes et même pour chaque individu un certain dosage quantitatif entre l’instinct qui pousse à l’individualisation et celui qui pousse à la dissolution dans la collectivité, de sorte que, si l’un des deux ne peut se dépenser à plein dans un domaine déterminé de la vie, il cherche un autre domaine où donner sa mesure comme il en éprouve la nécessité” (76). C’est ce qui explique pourquoi les femmes sont plus portées vers la mode qui constitue en quelque sorte un remplacement pour leur situation professionnelle défavorisée par rapport à l’homme.

La mode complète aussi le manque d’importance de la personne et exprime son “incapacité à individualiser l’existence par elle-même” (77). Elle compense, par un détour social, ce que la personne ne peut atteindre par la voie individuelle.

La mode est donc pour Simmel un facteur d’équilibre aplanissant le conflit entre le social et l’individuel. Elle est une “formation complexe où sont représentées en quelques sortes les principales tendances contradictoires du psychisme”. Cependant la mode, en changeant fréquemment représente un asservissement considérable de l’individu et une limite de sa liberté. Ces changements fréquents agissent sur l’industrie qui doit obéir aux “oscillations désordonnées de l’offre et de la demande”. Simmel explique longuement le processus des changements et ses effets sur la société. En résumé, la mode est pour lui une formation particulière “fortement caractérisée parmi toutes celles où les finalités sociales autant qu’individuelles ont objectivé les courants opposés de la vie en leur attribuant les mêmes droits” (78).

A travers l’analyse des formes élémentaires d’action réciproque dans la vie pratique, Simmel veut démontrer que le seul fait réel, c’est la relation “complexe, mouvante, multiforme d’un objet qui n’est connu que modèle, pétri par la subjectivité qui à son tour se transforme et se développe sous l’action de l’objet. La seule réalité, en somme, c’est la vie, “la vie ondoyante, fluide et progressive du connaître qui se cherche, tâtonne et peu à peu resserre son empire sur l’objet” (79) car pour

Simmel la réalité se vit et sent mieux qu'elle ne se démontre, "l'être en général ne peut être démontré, mais seulement vécu et senti; on ne saurait par conséquent, le déduire de concepts abstraits" (80).

• ***Forme comme Institution***

Les formes peuvent acquérir une certaine autonomie. Il s'agit là d'une objectivation du premier type de forme (besoin - intérêts etc...). Elles sont plus stables et continuent d'exister même si les motivations et les désirs de l'individu changent: "Il est vrai, suffisant pour la pratique extérieure - que de réserver le terme de société aux actions réciproques durables, particulièrement à celles qui sont objectivées dans des figures uniformes caractérisables tels l'Etat, la famille, les corporations, les églises, les classes, les groupes d'intérêts etc..." (81).

Ces formes-là sont des formes massives, des configurations solidement établies, des phénomènes sociaux, qui permettent de présenter la société comme une unité, distinctes de ses éléments individuels. Simmel explique analytiquement ce processus dans son écrit "Comment les forces sociales se maintiennent". Ces faits qui proviennent en fait des individus arrivent, par une méthode particulière que nous allons étudier, à tenir la société pour un être "d'une réalité autonome" qui mènerait suivant "des lois propres", "une vie indépendante de celle de ses membres".

Dans cet essai Simmel explique comment les formes sociales, qui sont en vérité "des créations spirituelles" vivant dans des "intelligences personnelles", arrivent à se transformer en "phénomènes collectifs" à caractère supra individuel, objectif et autonome.

Simmel a procédé à une étude sur les associations, les groupes les plus particuliers et les plus variés (à ce propos, ses analyses sur les groupes sont jusqu'à nos jours d'une grande utilité). La question qu'il pose est celle de la nature des groupes, de leurs transformations et de leur conservation.

Simmel commence d'abord par l'étude des conditions dont dépend l'unité sociale. Avant donc de déterminer ces conditions il conviendrait peut-être dans ce contexte d'expliquer la notion d'unité selon Simmel.

Pour Simmel l'unité est l'équivalent d'une configuration déterminée que l'on ne saurait confondre avec une autre. La famille forme une unité, l'auditoire devant un professeur forme aussi une unité. Une promenade en commun est aussi une unité pour un instant peut-être. La société en général constitue une unité parce qu'elle est le lieu où s'accomplit une multitude d'actions réciproques dans les formes de la politique ou de l'économie, dans les parties, les syndicats et les entreprises. Le sens de l'unité est identique à celui de socialisation "Cette unité ou socialisation…".

A partir de cette notion d'unité, Simmel va analyser les formes sociales qui régissent une société. Les conditions dont dépend l'unité sociale sont d'abord:

1) L'unité territoriale, complétée par

2) L'unité psychique qui englobe aussi bien la famille que les associations nationales et internationales, les sociétés commerciales ou les communautés d'origine confessionnelle (l'unité juive par exemple)

Une fois réunies, ces conditions ne peuvent être efficaces que si leur continuité se réalise d'une façon progressive: "La continuité y résulte de ce fait qu'il reste toujours assez de membres anciens en fonction pour initier les nouveaux… c'est ce renouvellement lent et progressif du groupe qui en fait l'immortalité, et cette immortalité est un phénomène sociologique d'une très haute portée" (82).

A partir de là nous assistons à l'effacement de l'individu remplacé par les fonctions qu'il remplit "comme représentant et continuateur du groupe" et ainsi se crée d'après Simmel une "personnalité collective" qui contrairement à l'individu n'est pas enfermée à priori dans une durée limitée. "Elle semble instituée pour l'éternité, et c'est pourquoi elle arrive à totaliser des conquêtes, des forces, des expériences qui l'élèvent bien au-dessus des existences particulières et de leurs perpétuels recommencements" (83).

Simmel procède par la suite à l'étude des cas où "les formes sociales pour se maintenir se solidarisent soit avec une personne soit avec une chose".

Simmel cite deux moyens qui permettent à cette forme de s'objectiver:

1) L'exercice du pouvoir doit dépendre d'un roi qui règne mais ne gouverne pas (il remplit une fonction sans aucune considération personnelle) "Le roi est mort, vive le roi" est ainsi une formule sensée.

2) Instauration du système de la "Mainmorte", système d'après lequel les biens de la société doivent être déclarés "éternels et inaltérables".

Ce "Modus procedenti" protège selon Simmel l'unité sociale qui devient ainsi "supérieure aux particuliers et indépendante des caprices individuels" (84). La transmission des biens par l'intermédiaire des syndicats auxquels les membres lèguent les fonds qu'ils ne peuvent partager renforce l'idée de continuité et d'objectivation de ces formes.

Simmel cite ensuite une autre forme sociale qui ne s'appuierait ni sur une personne, ni sur une chose mais sur une "pluralité de personnes". C'est ainsi par exemple que la communauté religieuse s'incarne dans le clergé; la société politique dans l'administration ou dans l'armée.

Cette forme s'appuie donc sur une multitude d'individus qui deviennent ses représentants comme l'Etat, l'Eglise, l'Armée.

Ce processus a, selon Simmel, une motivation psychologique: "plusieurs forces de notre être ont besoin de se projeter, de se métamorphoser, de s'objectiver ainsi pour produire leur maximum d'effet" (85).

Cependant Simmel ne manque pas de relater les dangers qui résultent de cette situation et essaie d'y apporter une solution.

- Ainsi pour que le groupe puisse agir collectivement il faut qu'il soit assemblé, or il est difficile d'arriver à l'unanimité quand la foule est considérable, d'où la nécessité pour Simmel de représenter une multitude par une minorité (86).

- Des tiraillements peuvent se produire à l'intérieur même du groupe. Devant cette situation Simmel donne la primauté à la compétence et la qualification et pense que la lutte des partis serait résolue si on essayait de résoudre les problèmes immédiatement par des agents et des organes spécialisés.

- Les foules n'étant pas généralement d'un niveau intellectuel élevé, la décision devrait être laissée à une minorité dont les "aptitudes spéciales et les compétences" sont sans équivoque.

Simmel n'est cependant pas optimiste, car même lorsque tous ces dangers sont écartés, il subsiste un autre dont nous souffrons jusqu'à nos jours.

L'organe peut se développer jusqu'à un tel degré qu'il perd de vue l'intérêt de la société et de devenir une fin en soi alors qu'il n'est qu'un moyen au service des individus qui composent une société.

A ce sujet Simmel cite le cas de la bureaucratie et le formalisme juridique qui sont en fait des normes sociales destinées à ordonner et régler les relations individuelles. Ces normes restent fixes face à des rapports toujours de plus en plus mobiles. Cette rigidité des organismes est à l'origine des antagonismes existants entre le groupe et ses organes.

Simmel propose que ces organes gardent assez de plasticité et permettent "la substitution d'autres personnes à celles qui sont en fonction, si ces dernières se montrent incapables" (87). Pour illustrer son idée, Simmel fait une comparaison avec le monde physique de la nature même "un corps résiste à la dispersion provoquée par les chocs, soit par sa dureté et une cohésion tellement massive de ses éléments que l'assaut des forces extérieures ne change rien à leurs rapports, soit par sa plasticité et son élasticité qui cède sans doute à la moindre pression, mais en revanche, permet au corps de reprendre, aussitôt après, sa forme première" (88).

Pour Simmel la plasticité et la mobilité des formes sociales est une condition de leur permanence. Comme exemple il cite la société juive qui résiste à tous les chocs et à toutes les crises et les Bohémiens qui proclamaient "inutile de nous pendre car nous ne mourrons jamais". Leur organisation est indestructible parce qu'elle n'a pas de formes définies et immobiles. Cependant Simmel relève la variabilité des groupes sociaux. Ce qui est bon pour une forme ne l'est pas pour une autre forme; à ce propos il cite le cas de l'aristocratie dont la meilleure façon de se maintenir est de "s'immobiliser le plus possible".

En définitif, Simmel résume tous ces processus en affirmant que toute société passe par des états variés et même opposés et que l'essentiel pour chaque forme est de choisir le moyen qui lui permet de s'adapter aux nécessités de la vie sans se briser.

Outre la plasticité et la mobilité comme conditions essentielles pour la continuité de ces formes sociales, Simmel ajoute l'aspect positif de la lutte au sein d'un groupe. "La lutte contre une puissance étrangère donne au groupe un vif sentiment de son unité et de l'urgence qu'il y a, à la défendre envers et contre tout. La commune opposition contre un tiers agit comme principe d'union" (89).

L'opposition qui a pour Simmel une double fonction "selon qu'elle soit tournée vers le dehors ou vers le dedans" a les caractères d'un phénomène sociologique car elle se retrouve dans les relations les plus intimes.

Nous abordons ici le thème du conflit "Streit", thème cher à Simmel car il est caractéristique de la vie humaine. Etant en rapport étroit avec les deux premières formes analysées, nous avons choisi de le situer dans ce contexte-là.

• ***Le conflit comme forme d'action réciproque***

Sa théorie du Conflit se trouve analysée dans son livre "Soziologie" paru en 1908 (90). Elle se situe dans le contexte de la tradition sociologique allemande de Hegel - Marx - Tönnies - et constitue une illustration de sa théorie générale.

Avant d'analyser le problème du "Conflit" chez Simmel, il serait donc utile de voir rapidement comment il est conçu chez les trois grands sociologues de son époque.

- Pour Hegel, la conscience de soi est le résultat de la reconnaissance par l'autre. Mais l'autre veut être reconnu sans être obligé de me reconnaître à son tour. Cette différence des intérêts crée, selon Hegel, une lutte mortelle comme base de toute histoire (91). Mais pour que la vie sociale puisse se constituer il faut bien, selon Hegel, que l'un des deux adversaires renonce à la lutte pour échapper à la mort. La peur de perdre sa vie l'y conduit et il accepte ainsi de devenir esclave. C'est donc la peur qui est à la base de la vie et du travail de l'esclave. Cette peur est aussi à la base du développement des moyens de production. Le progrès est la volonté de l'esclave de préférer le travail à la mort. Hegel accorde un rôle positif au conflit et à la lutte en tant que ressort du développement de l'humanité.

- Marx envisage une fin définitive entre maître et esclave. Comme Simmel, il souligne les effets historiquement bénéfiques et nécessaires du conflit. J. Freund caractérise la position de Simmel de la manière suivante: "la lutte est une forme de socialisation qui par sa négativité même prend une signification positive (92).

Cette position était bien partagée par les marxistes, la différence entre Marx et Simmel ne concerne que l'avenir, car pour Marx on peut concevoir pour revenir, la fin de toutes luttes de classes, si l'on a réussi à abolir les classes. Mais même pour la société de revenir, Marx ne prévoyait pas l'élimination de tous genres de conflits mais un ordre qui soit capable de les maîtriser, de les résoudre d'une manière pacifique et rationnelle.

- Pour Tönnies comme pour Simmel les volontés humaines ont des rapports multiples entre eux. Chaque rapport a un effet de réciprocité, c'est-à-dire que ce qui est donné ou fait d'un côté est supporté ou reçu de l'autre. Ces effets sont orientés vers la protection (Erhaltung) ou la destruction de la volonté de l'autre (positif - négatif). Dans son livre "communauté et société" Tönnies consacre un paragraphe au "voisinage". Il explique le conflit par les "formes" de disputes qui doivent apparaître dans chaque relation sociale, car la proximité permanente et la fréquence des frottements signifient non seulement exigence et acquiescement mais aussi pudeur et négation qui sont des possibilités et des probabilités réelles pour toute relation devenant véritablement communautaire (93). Selon Tönnies le conflit est le fondement de toute sociologie et constitue une forme existentielle de la vie humaine.

- Pour Simmel, le conflit sous toutes ses formes est l'expression même de l'action réciproque. Les rapports conflictuels ne produisent pas eux-mêmes des "figures sociales" mais seulement lorsqu'ils sont en corrélation avec d'autres énergies; et bien que le conflit soit une forme de désaccord, il est aussi une force de socialisation qui unit les parties rivales car les adversaires ont toujours quelque chose en commun sur lequel porte leur combat (il n'y a pas un sentiment plus fort que la haine qui puisse lier si fort les êtres humains).

Pour Simmel, l'homme est certes doté d'une agressivité innée (Freud) mais il n'existe pas une agressivité pure, il n'y a que des formes par lesquelles cette agressivité s'exprime. L'instinct d'hostilité se trouve à la base d'un système de règles que les adversaires acceptent pour mieux se faire la guerre. Ce qui compte pour Simmel c'est le lien social produit par l'hostilité (die Feindschaft). "On se réunit pour lutter et on lutte en se subordonnant aux normes et aux règles mutuellement acceptées". L'hostilité est le générateur d'un corps de normes et de règles.

Ce qui est important pour Simmel ce n'est pas la motivation de la lutte mais sa mise en action qui crée une forme de socialisation."C'est de la lutte même que naît l'unité" (94). La lutte peut mener à une relation pacifique car "les individus eux aussi ont besoin de s'opposer pour rester unis" (95). Sans lutte pas d'union et Simmel cite plusieurs nations qui se sont unies à la suite des guerres. Presque tout conflit peut être décrit selon Simmel par une synthèse entre un antagonisme et une unité: "La conscience plus nette qu'une société perd de son unité, par l'effet de la lutte, renforce cette unité et réciproquement".

Simmel voit des conflits à tous les niveaux de la réalité. Il replace son analyse du conflit dans la problématique de la vie que nous avons déjà envisagée. Le conflit inhérent à la vie est un combat entre la tendance à la totalité et la tendance à la multiplicité des phénomènes extérieurs: unité et totalité dans leur sens kantien.

Le conflit, dans la société, n'apparaît pas seulement comme destructeur, mais est aussi la manifestation d'une unité qui dépasse la relation séparée et simplement extérieure des éléments affrontés.

Toutes les formes de socialisation sont plus ou moins marquées par le conflit: (inclination - répulsion - hostilité - concurrence - guerre - lutte des classes) toutes ces formes sont un entrelacs d'harmonie et d'opposition par complémentarité.

Simmel analyse surtout les effets du conflit dans un groupe et entre plusieurs groupes. Il cite dans ce contexte les luttes au sein d'une même famille, entre des petits états voisins, entre les différentes communautés religieuses. Ce genre d'observation et d'explication lui a valu fréquemment le reproche de psychologisme. Pourtant on ne peut pas dans ses explications éliminer les arguments psychologiques qui sont à la base de l'action sociale parce que l'âme elle-même est pour

Simmel un fait social: Nous constatons cependant que Simmel donne à cette forme d'action réciproque qu'est le conflit une perspective dramatique. Dans l'idée d'unité (Einheit) il y a aussi l'idée de la séparation (Trennung). L'unité continue appelle la rupture mais elle est en même temps contre la rupture d'où l'idée que la société n'existe que pour l'Autre et contre l'Autre, l'Etranger (der Fremde).

La Solidarité (pour - avec) et l'Etrangéité (contre) apparaissent socialement d'une façon telle que la solidarité apparaît comme une victoire (Überwindung) sur l'étranger (Fremdheit) qui personnifie la distance et la profonde incompréhension. En se penchant vers une personne, on donne du dos à l'autre personne et parfois à toutes les autres. Non parce que nous sommes méchants (tout acte de solidarité a un motif noble) mais parce que toute unité ne peut être conçue que par la coupure avec d'autres éléments "Abschneiden von Einwirkungen".

"Les individus ont besoin eux aussi de s'opposer pour rester unis". Et plus loin, dans le même texte, "On a souvent dit que l'amitié et l'amour ont besoin parfois de différends, parce que la réconciliation leur donne tout leur sens et toute leur force" (96), "c'est de la lutte même que naît l'unité".

Notons au passage que Simmel mêle assez souvent des considérations plutôt psychologiques sur le comportement des individus aux considérations proprement sociologiques de l'analyse de la lutte entre les groupes. J. Freund pense néanmoins que "quoiqu'il en soit, Simmel a été l'un des rares auteurs à faire porter l'analyse sur les deux moments du conflit: l'hostilité et la socialisation autour de l'objet commun" (97).

C'est à propos du second aspect, celui de la force socialisatrice du conflit, que Simmel développe ses vues les plus pertinentes, sinon les plus originales.

Le principe est clair: en même temps que le conflit exprime fondamentalement un désaccord, il unit dans une même lutte et à propos d'un même objet les forces rivales. Le conflit est pour lui "le germe d'une future communauté"; l'histoire le montre amplement, si l'on considère les guerres qui ont conduit à l'unification des nations modernes. De toute façon, il n'existe pas de société historique qui aurait ignoré le conflit. C'est la raison pour laquelle on en a fait un élément d'équilibre des sociétés et ce par l'organisation des conflits selon certaines règles et normes. Il cite l'exemple des syndicats, la loi juridique qui règle les rapports antagonistes.

Cette régulation oblige les deux parties à la reconnaissance de certaines règles communes d'où l'effet socialisant du conflit.

C'est à propos de la lutte des classes que Simmel développe le plus nettement sa conception du conflit. D'une part, le conflit contribue à ce que les ouvriers reconnaissent leur commune appartenance à une classe dont le sort est commun face à la classe des entrepreneurs, qui ont à leur tour pris conscience de leur communauté: "Le désir de prévenir les oppositions et d'en adoucir les conséquences conduit à des ententes, à des conventions commerciales ou autres, qui, quoique nées d'antagonismes actuels ou latents, contribuent d'une manière positive à la cohésion du tout" (98).

L'idée de "la lutte des classes se cristallise certes sur des points déterminés en vue d'actions déterminées dans la constitution de partis politiques ou du combat pour les salaires. Toutefois par sa nature même, elle ne saurait devenir pratique en tant que lutte globale; elle reste l'état d'esprit d'une appartenance abstraite sur la base d'une rivalité commune avec un ennemi abstrait" (99). Autrement dit, et d'après Julien Freund, il n'y a de conflit total ou globalisant que du point de vue abstrait d'une philosophie et non d'une sociologie empirique.

L'essentiel pour Simmel n'est pas de résoudre le conflit mais je démontrer l'aspect socialisant du conflit. La socialisation est au cœur du conflit. C'est grâce aux situations conflictuelles que les membres d'un groupe font taire provisoirement leurs dissensions intestines dès que l'unité est menacée, quitte à se désunir par la suite.

Maffesoli (100) explique la théorie simmelienne du conflit par le fait que pour Simmel "La société est une certaine proportion d'harmonie et de discorde, d'association et de compétition, de tendances favorables et de tendances défavorables".

Pour illustrer cette théorie, je me propose d'étudier l'analyse que fait Simmel de quelques formes de conflits tels que:

1) La jalousie

2) La concurrence

3) La soumission

4) Le désir de paix

1) la jalousie: c'est la manifestation d'une émotion socialement constituée: celui contre lequel se dirige notre jalousie est uni à nous par un lien social. Le conflit est donc produit par une union préalable, légitime ou illégitime, réelle ou imaginaire. La jalousie est le résultat des interactions souvent en contradiction avec les normes officielles. Le conflit qui s'exprime par la jalousie est donc un conflit social (101).

2) la concurrence: il s'agit, selon Simmel, d'une forme d'interaction où les efforts antagonistes des concurrents ont pour effet la réalisation d'une valeur objective, la découverte de la vérité (domaine de la science). Si les antagonistes se tiennent aux règles du jeu, les résultats sont bénéfiques.

Il en est de même pour la concurrence économique: la richesse économique est le résultat de l'égoïsme antagoniste des concurrents qui doivent renoncer aux moyens illégitimes.

Les lois de l'état doivent contrôler la concurrence pour empêcher les concurrents de prendre par force ce qu'ils devraient recevoir des marchés, d'où le développement du droit commercial en Europe et la moralisation des règles du marché (heures de fermeture des magasins, publicité abusive).

Les alliances commerciales et les cartels sont justement des formes sociales par lesquelles on remplace la lutte entre producteurs au détriment du consommateur.

Une autre condition pour le bon fonctionnement de la concurrence, c'est l'indépendance du consommateur. On ne peut plus alors forcer l'autre, on doit le gagner: il s'agit d'une lutte dont le "prix" est "l'âme" de l'Autre. La conviction, la persuasion, la suggestion et la menace sont des moyens pour y parvenir et qui permet l'établissement d'une nouvelle relation sociale. La concurrence s'installe dans tous les domaines: amour, art, politique, science. Pour Simmel, il n'y a pas une règle générale qui nous dirait qui, du socialisme ou de la concurrence, produit les meilleurs résultats (102).

Simmel pense que ce n'est pas toujours l'efficacité qui est la considération la plus importante. Le socialisme peut apparaître plus humain et la compétition peut être ressentie comme un prix trop élevé pour la réussite. Simmel aussi s'intéresse aux effets d'un conflit entre plusieurs groupes et à la cohérence de ces groupes eux-mêmes. Là il formule une loi: Plus un groupe est centralisé, plus il tend à déclencher des luttes et même des guerres. Et c'est souvent un ennemi commun qui est à la base de la formation d'un groupe. On peut penser à la relation entre l'antisémitisme et 1a création de l'Etat juif.

Pragmatique, Simmel envisage le problème de la fin d'un conflit. Il peut y avoir conflit sur la fin d'un conflit.

Ainsi Simmel distingue la capitulation, la disparition du motif du conflit, le désir de paix et le compromis.

1) La capitulation: pour Simmel cet acte de la soumission volontaire montre toujours une certaine puissancc ct nc rclève pas de la lâcheté (103).

2) La disparition du motif du conflit: la continuité du conflit est pour Simmel un “Vide de sens” ou “Leeres Weiterstreiten”.

3) Le plus important motif pour en finir avec le conflit est le “désir de paix” (104).

Pour Simmel, ce qui constitue l'homme, c'est justement la dialectique entre son désir d'harmonie et ses tendances agressives. Mais à l'inverse de Freud, il ne s'intéresse pas aux bases instinctives de ces deux tendances mais aux formes historiques, donc socialement constituées, dans lesquelles elles se concrétisent et se manifestent.

4) Le compromis, c'est la fin paisible d'un conflit. Il est considéré comme “l'une des plus grandes inventions de l'humanité”. Il est à l'origine de tout échange et de toute culture. Le compromis suppose néanmoins que les hommes ont réussi à surmonter la subjectivité de leur haine et de leur sympathie pour en venir à l'idée qui est à la base de toute objectivité, à savoir que l'on peut substituer une chose à une autre. Il n'est donc pas possible d'envisager un compromis si l'on ne dépasse pas les

passions subjectives et les formes primaires de l'origine d'un conflit. Pour Simmel, le compromis n'est pas une faiblesse ou l'expression d'une bonté pacifiste mais plutôt l'expression d'un refus de pousser à l'extrême un antagonisme qui pourrait devenir désavantageux voire dangereux pour les deux partis en conflit. Simmel reste cependant réaliste sachant que les passions comme la haine, la jalousie ou le désir de faire du tort à l'autre demeurent ancrées en l'homme et que donc le compromis ne sera jamais la solution universelle. Il y aura toujours des éléments irréconciliables. La paix est un compromis qui reste à l'ombre des conflits possibles car il y aura toujours des situations sur lesquelles on ne transige pas.

Les compromis se trouvent surtout dans les sociétés où l'argent joue un grand rôle. On peut alors compenser en payant, trouver des équivalents fonctionnels entrainant une grande flexibilité dans chaque conflit et ce qui semble incompatible en soi devient compatible socialement par l'intermédiaire de l'argent ou du temps.

Contrairement par exemple à Habermas (105) pour qui le conflit et provisoire et peut être résolu par une solution rationnelle, pour Simmel, le conflit est universel et toute solution et provisoire. L'essentiel pour Simmel c'est de trouver une société où l'ubiquité des conflits serait la source de nouvelles formes de socialisation. Les lois qu'il formule ne sont pas des lois mais plutôt des hypothèses. Ainsi et encore une fois, Simmel ne saurait se comprendre comme un constructeur de système mais plutôt comme le fondateur d'un mode de pensée.

• ***Forme comme "Forme de jeu" indépendante***

Les formes peuvent acquérir une certaine autonomie. Ceci arrive lorsque les individus agissent de leur propre gré. Leur sociabilité, les jeux, le sport prennent de plus en plus d'importance dans une société où les individus disposent de temps libre et se spécialisent dans la maîtrise des règles de jeu qui deviennent des moyens importants d'influence.

Ce qu'il y a d'admirable dans l'analyse de ces formes c'est que Simmel n'a pas seulement porté son attention aux problèmes classiques et denses comme l'état, la division du travail, les classes ou les foules, mais aussi à des phénomènes plus discrets et plus modestes que certains peut-être considèrent comme futiles. Sa théorie de l'action réciproque l'y invitait d'ailleurs. Pour Simmel, il y a, à côté des phénomènes des unités ou systèmes "macroscopiques", des événements "microscopiques ou moléculaires". L'étude de ces événements nous permet de pénétrer dans "le processus même de la vie sociale" avec ses variations infimes et délicates, pour saisir "la société dans son status nasceus".

Pour, Julien Freund, c'est la vision esthétique que Simmel avait des problèmes de la sociologie, qui l'a conduit à poser de cette manière originale à son époque, la problématique générale de la sociologie. C'est que "sans cesse la socialisation se noue et se dénoue pour se renouer à nouveau; il s'agit d'un perpétuel écoulement et d'une animation qui relient les individus, même là où elle n'aboutit pas à des organisations véritables" (106). C'est précisément cette conception de la sociologie qui est à l'origine de la renaissance actuelle de sa pensée: "si l'on revient de nos jours à Simmel c'est essentiellement parce qu'il a été le précurseur d'études qui occupent une place centrale dans certaines sociologies contemporaines, justement parce qu'elles ne se limitent plus seulement à l'analyse des formes massives, consistantes et institutionnalisées, telles l'Etat ou la production et la reproduction. En un sens, la subtilité de la conception sociologique de Simmel lui a permis d'aborder l'étude des formes mouvantes des relations humaines" (107).

Nous ne pouvons pas ici exposer toutes les formes de ces "socialisations discrètes" que l'on peut rencontrer dans l'œuvre de Simmel; nous nous limiterons à son essai sur la "Sociabilité" avec sous-titre: "Exemple de sociologie pure ou formelle".

Nous avons choisi cet exemple parce qu'il représente pour Simmel un aspect essentiel de la société: "La société étatique, la société économique, qui unissent les êtres en vue d'un quelconque projet, sont absolument des "sociétés", mais seule celle qui est sociable est une "société" sans autre additif, parce qu'elle représente la forme pure, qui s'élève en principe au-dessus de tout contenu spécifique et rassemble toutes "les sociétés" qui se laissent caractériser unilatéralement en une figure pour ainsi dire abstraite, tous les contenus se dissolvant en un simple jeu de la forme" (108).

Pour Simmel, la sociabilité est une "forme d'art sociologique", excluant tout aspect personnel comme la richesse, la situation sociale, l'instruction, la réputation, les aptitudes exceptionnelles et les mérites de l'individu. La discrétion vis-à-vis de l'autre est sa première condition. La sociabilité est un "monde artificiel" constitué "d'êtres qui souhaitent établir exclusivement entre eux des actions réciproques entièrement pures, qui ne soient perturbées pour ainsi dire par aucune référence matérielle" (109). Dans ce sens Simmel attribue à la sociabilité une "structure démocratique" entre les différentes couches sociales. A ce sujet, il cite comme exemple la courtoisie "qui veut que le plus fort, le plus éminent non seulement se mette au niveau du plus faible mais encore adopte l'attitude qui consiste à considérer ce dernier comme le plus valeureux et supérieur" (110). En vertu de cette idée nous constatons que c'est par "le jeu" au cours duquel "on fait" comme si on l'est. Ce "jeu" n'est pour Simmel ni mensonge, ni hypocrisie. Il ne le devient que "dès que cette manifestation est commandée par des fins tout autres que celles de la nature sociable". Et il avoue néanmoins que nous y sommes facilement entraînés à cause de "l'entrelacement effectif de la sociabilité et de la vie réelle".

Ainsi pour Simmel le jeu occupe une place importante dans la sociabilité. Il s'agit d'un jeu symbolique et qui "rassemble dans son charme esthétique la dynamique sublimée la plus fine de l'existence sociale en général et sa recherche" (111).

Parmi les formes de jeu, Simmel s'intéresse particulièrement à la coquetterie: "l'essence de la coquetterie féminine consiste à opposer alternativement une acceptation allusive à un refus allusif, à attirer l'homme sans laisser aller les choses jusqu'à l'acte décisif et a le repousser sans lui enlever tout espoir... Elle esquisse ainsi en quelque sorte en jouant la forme la plus simple et pure des choix érotiques et elle arrive à réunir en un comportement unique la contradiction des deux pôles du choix, du fait que le contenu résolu et décisif qui l'obligerait à s'en tenir à l'un ou à l'autre n'entre pas dans le jeu de la coquetterie" (112).

Cependant si l'homme se présente comme victime en refusant

d'entrer dans ce jeu, la coquetterie cesse d'être un ''art'' car comme toute autre forme elle a besoin de l'action réciproque qui "constitue la loi fondamentale de la sociabilité". La coquetterie est un jeu dépourvu d'attitudes sérieuses qui, en intervenant, transforment ce jeu en une "affaire privée entre deux personnes". Et Simmel conclut: "la coquetterie joue les formes de l'érotisme de la même manière que la sociabilité joue les formes de la société. Une affinité d'essence, somme toute, qui prédestine la première à devenir pour ainsi dire un élément de la seconde" (113).

Un autre exemple de jeu est la conversation. Dans ce jeu-là il ne s'agit pas d'un langage portant sur un contenu que les hommes s'échangent pour communiquer; il s'agit plutôt d'un discours qui devient "sa propre fin, non pas au sens naturaliste comme dans le bavardage mais au sens de l'art de la conversation avec ses propres lois artistiques" (114).

Ainsi la conversation est placée au-dessus de toute "intimité individuelle" mais aussi au-dessus de tout contenu à but objectif et pouvant susciter un conflit aux fins de la vérité.

L'échange verbal se fixe ses propres normes; il est au service "de l'animation, de la compréhension mutuelle et de la conscience de former ensemble une agréable compagnie" (115).

C'est ainsi que, faire des plaisanteries, raconter des anecdotes n'a aucun but que de rendre la vie plus agréable. "Parmi tous les phénomènes sociologiques elle (la conversation) est l'accomplissement d'une relation qui ne veut en quelque sorte qu'exister comme relation et dans laquelle ce qui n'est par ailleurs qu'une simple forme de l'action réciproque devient un contenu se suffisant à lui-même" (116).

C'est pour cela que la sociabilité ainsi conçue diminue le sérieux et le tragique de l'existence humaine. Par le jeu qu'elle impose, l'homme pénètre dans un univers où les frictions personnelles disparaissent et où "les ombres ne peuvent pas se heurter les unes aux autres", d'où le côté éthique de la sociabilité. Ses lois sont comparables à celles de l'art. Il ne faut certes pas oublier qu'aussi bien l'art que la sociabilité, en se basant sur la réalité de la vie tout en prenant une distance vis-à-vis de la réalité immédiate, saisissent "l'essence profonde de cette réalité". Grâce à ces formes là nous sommes libérés du tragique de la vie et pourtant "nous y sommes quand même plongés". A travers le "jeu des formes" et en faisant abstraction de la "réalité immédiate" nous atteignons le sens et la réalité la plus profonde de la vie. C'est le respect esthétique des formes, libératrices, atténuantes, profondes et belles. "Le fait d'être ensemble avec d'autres et d'échanger des impressions au cours desquelles tombent les tâches et tout le poids de la vie est pour ainsi dire apprécié comme un jeu artistique. Il s'agit à la fois d'une sublimation et d'une atténuation dans lesquelles les forces riches en contenu de la réalité ne se manifestent que de façon lointaine, par volatilisation de leur pesanteur dans un certain charme" (117).

Cette belle analyse de ces formes que l'on a tendance à prendre pour superficielles et vides nous révèle la complexité des relations humaines et l'intérêt d'en faire un objet d'étude scientifique. Ce qui ouvre un nouvel espace, d'investigation pour la sociologie.

• *Forme comme "Conception du monde"*

"Weltanschauung"

Pour Simmel, les formes sont des productions de l'esprit mais qui se détachent de lui, deviennent autonomes, indépendantes de l'individu qui les a créée. Le processus se développe à travers les diverses activités humaines telles que la politique, la religion, l'art. Ces formes, Simmel les appelle "esprit objectif" expression empruntée à Hegel "objektiver Geist". C'est-à-dire que ces formes bien qu'elles soient autonomes demeurent un "Esprit", c'est "l'esprit objectif". Le processus culturel découle du mouvement qualifié d' "objectivation du sujet". Cependant pour Simmel ce mouvement est obligatoirement accompagné d'un autre qui est celui de la "subjectivation de l'objet". Sujet et objet deviennent ainsi des "corrélats" "qui ne trouvent chacun leur sens que par la présence de l'autre". De là découle pour Simmel "la tragédie de la culture". Simmel définit la culture comme "le chemin de l'âme vers elle-même". La culture n'est pas un "idéal préfiguré" mais l'effort de l'âme pour se libérer elle-même au milieu des tensions qu'elle suscite en créant des formes indépendantes d'elles comme l'art, la religion, la politique. Le tragique de ce processus est qu'en créant les formes qu'elle essaie de dominer, elle se retrouve dominée par elles.

Parlant de "l'esprit objectif" Simmel déclare qu' "avec la réification de l'esprit "Vergegenständlichung" on obtient la forme qui permet une conservation et une accumulation du travail de la conscience. La forme est parmi les catégories historiques de l'humanité la plus importante et la plus riche en conséquences. Elle transforme en fait historique ce qui est tellement problématique en biologie, à savoir la transmission d'un acquis (Vererbung des Erworbenen). Si l'on a considéré que la supériorité de l'homme sur l'animal, réside dans l'héritage et non pas simplement dans une descendance, la réification de l'esprit dans des mots et des œuvres, dans des organisations et des traditions constitue le porteur de cette différence, car seule elle donne à l'homme son mode ou plutôt elle lui donne un monde" (118).

La véritable originalité de Simmel réside en ce point de sa théorie de la forme mais il serait trop long de citer tous les passages de tous les ouvrages dans lesquels Simmel développe son idée.

Les formes sont ainsi des "configurations cristallisées" qui se détachent de l'être vivant qui les a créées pour acquérir une autonomie et survivre jusqu'à s'opposer à l'être qui les a engendrées.

"Les formes sont des habitacles de la vie créatrice qu'elles délaissent par la suite. Elles manifestent leur propre logique en obéissant à leurs propres lois et affirmant leur sens et leur résistance dans un détachement et une indépendance à l'égard de la dynamique de l'âme qui les a produites. A l'instant de la production elles répondent peut-être à la vie, mais au fur et à mesure que celle-ci se déploie, elles lui deviennent étrangères et elles s'engourdissent dans une opposition a ce qu'elle est" (119).

Elles ne sont certes que des "fragments" de la vie, mais suffisamment fortes pour la combattre. "C'est ainsi que la vie créatrice engendre constamment quelque chose qui n'est plus la vie… Et pourtant la vie ne peut s'exprimer que par des formes qui s'érigent en instance indépendante et prennent cette signification" (Brücke und Tür). Elles constituent quelque chose de “plus que la vie” (ein Mehr als Leben) qui la dépasse. Il en résulte que la vie est dans chaque forme, puisqu’elle n’a pas d’autres moyens d’expression et pourtant elle n’y est plus puisqu’elle rompt avec elle.

Pour expliquer l’existence de ces formes, Simmel se base sur la théorie de la connaissance: “Ainsi toute connaissance apparaît à l’origine comme un instrument dans la lutte pour l’existence; en effet, il est d’une utilité incalculable pour la conservation et la poursuite de la vie de connaître le rapport qui existe entre les choses” (120).

Nous constatons que Simmel revient toujours au principe de la théorie de la connaissance, selon lequel l’art, la science, la religion ne font que reporter la mélodie de la réalité à travers différents sons, chaque son faisant alors un portrait caractéristique de la “totalité” et interprétant le monde d’une façon qui lui est propre. Selon ce principe, il y aurait une “image du monde” qui est donnée selon un mouvement qui prend sa naissance dans la vie pratique pour devenir une valeur en soi obéissant à ses propres règles. “Il n’y a pas de doute que la mise en forme de réalités observables ou non, suivent des conformités spatiales, suivant un rythme et un timbre, suivent une signification et une organisation est née tout d’abord de l’exigence de la vie pratique. Toutefois, dès que ces formes deviennent une fin en soi, qu’elles deviennent agissantes par leur propre force et en vertu de leur droit propre, sur la base d’un choix et d’une création autonome en dehors de leur insertion dans l’existence, nous nous trouvons en présence de l’art, totalement séparé de la vie” (121).

Cependant, c’est grâce à cette distance que prend la forme en devenant “une valeur en soi”, que s’effectue un retour vers la réalité non immédiate mais profonde de la vie: “nous construisons et vivons ainsi le sens et les forces de la réalité la plus profonde, mais en faisant abstraction de la réalité elle-même” (122).

A ce propos, Simmel cite la science, qui est à l’origine issue du besoin de “savoir, mais qui a fini par s’éloigner de ses “prestations pratiques” en opérant pour elle-même une sélection parmi les objets qu’elle façonne selon ses exigences intrinsèques, sans s’interroger sur son propre achèvement” (123).

Simmel cite aussi l'exemple "du droit" qui naît à partir des exigences de la vie en société afin de légitimer certains comportements. Mais le droit pur cesse d'être un moyen et se détermine d'une façon autonome et "non plus comme légitimation d'une instance supérieure telle que la matière vitale à façonner" (124).

Simmel conclut en affirmant: "c'est ici que se réalise peut -être de la manière la plus considérable la rotation, à partir de la détermination des formes de la vie par sa matière jusqu'à la détermination de sa matière par les formes élevées à la hauteur des valeurs définitives" (125). A ces formes s'oppose la vie dans un contraste radical. Simmel est en même temps un théoricien de la forme et de la vie sens qu'on puisse distinguer l'une de l'autre.

Avant d'aborder ce chapitre fondamental sur l'opposition Vie-Forme, nous procéderons à l'analyse de deux Formes très importantes pour la compréhension de la sociologie des Formes chez Simmel. Il s'agit de la Religion et de l'Art.

• ***La religion comme "Forme"***

Simmel consacre une partie de son œuvre au problème de la religion. Son livre intitulé "La Religion" en est une illustration.

Le problème religieux l'a particulièrement occupé car il est en rapport direct avec la société. En comparaison avec la société, la religion n'est pas quelque chose de substantiellement différent. C'est une formation sociale spécifique "eine spezifische soziale Formung".

La conception simmelienne de la religion réside dans le fait que pour lui, l'initiative à l'origine de la formation religieuse n'est pas située dans l'au-delà mais plutôt dans le vécu social. La religion est la vérité car elle est incontestable: "l'homme religieux vit les choses d'une façon telle qu'elles ne peuvent être changées" (126).

Simmel compare le religieux à l'amoureux qui crée lui-même l'objet de son amour qu'il projette sur une personnalité.

De même le religieux transforme les contenus de sa croyance en évènements concrets se pliant à toutes sortes d'interpénétrations.

Simmel décrit les réactions du sentiment humain face au destin: Espoir, désespoir, rébellion, satisfaction, ceux-ci sont tous des réactions sentimentales à des événements vécus. Ces réactions peuvent revêtir une qualité religieuse afin d'arriver à une interprétation de la vie. Simmel parle de la religion comme d'une "qualité particulière du sentiment" "eine besondere Qualität des Gefühls". L'objet de la religion est donc une production du sujet.

Celui qui lit le livre de Simmel "La Religion" se trouve un peu décontenancé et confus au départ, mais sachant que derrière cette analyse, il y a toute la théorie de la connaissance, tout se clarifie.

Un exemple concret est la phrase suivante: "la connaissance ne crée pas la causalité mais la causalité crée la connaissance, de même la Religion ne crée pas la religiosité mais la religiosité crée la religion" "Wie nicht die Erkenntnis die Kausalität schafft, sondern die Kausalität die Erkenntnis, so nicht die Religion die Religiosität schafft sondern die Religiosität die Religion" (127).

Toujours dans ce sens, Simmel met en rapport la religion avec la religiosité: la religion n'est pas issue - à l'image du rapport de causalité des faits de la nature sensitivement perceptible; elle est plutôt le produit de la religiosité de l'homme à travers laquelle elle prend forme et devient religion.

La religiosité ou comme dit Simmel la "Gläubigkeit", ou "la tendance à croire", ne sont pas des qualités immanentes à notre vie spirituelle. La religiosité est une certaine façon de vivre sa vie et de colorer l'ensemble d'une personnalité (128).

La conscience du religieux fonctionne religieusement comme le corps fonctionne organiquement ou, comme dit Simmel dans son article sur Gœthe, comme un grand artiste vit, sent, agit et respire.

Il n'y a pas une réalité transcendante à notre vie individuelle et le véritable croyant trouve Dieu "à la fois en lui et en dehors de lui". Le véritable irréligieux, c'est celui qui ne pratique la religion que parce qu'il ne la possède pas "celui qui ne trouve pas Dieu en soi est obligé de le placer devant soi" (129); l'irréligieux a besoin de se sentir dominé par des réalités transcendantes: une église, un dogme solide, un Dieu objectif.

Par son attitude originale face au problème religieux, Simmel se place entre le dogmatisme confessionnel et un subjectivisme absolu, ce qui lui a valu bien des critiques. Le philosophe Jankélévitsch loue l'effort méritoire de Simmel qui visait à "épurer" l'ordre religieux de toutes "les excroissances parasitaires" qui le tuent. Jankélévitsch qualifie l'attitude de Simmel "d'intuitionisme vitaliste" qui ne se rattache à aucune orthodoxie rigide: "c'est la vie intense et profonde qui, colorée par l'a priori irréductible qu'on appelle religiosité, synthétise objet et sujet dans un élan de foi géniale" et ainsi "il a restauré la vie religieuse dans toute son idéalité résistante et son incomparable dignité" (130).

• ***Le religieux et le social***

La religion comme la société, n'est pensable qu'en tant que réalité sociale "Soziale Realität". C'est une forme objectivée qui prend sa source dans l'action réciproque entre les hommes (131).

Le social et le religieux sont en interdépendance: sans formation sociale en tant que base, il n'est pas possible de concevoir une formation religieuse. A partir de cela Simmel nie au Bouddhisme la qualité de religion. Ce n'est pas une religion car "Il lui manque totalement le moment social… il enseigne le retrait total du monde social" "lhm fehlt völlig das soziale Moment… Er lehrt das völlige Zurückziehen von der gesellschaftlichen Welt" (132).

Simmel affirme donc que le sentiment religieux est une contribution d'ordre créatif de la part de l'individu en vue d'une interprétation du monde mais il précise que les caractères que prend la religion comme le rituel, le sacrifice etc… sont sous la responsabilité de la communauté: "Autrement partout - le plus clair dans le sémitisme ancien, la Grèce antique et chez les Romains - le devoir religieux du sacrifice, de la prière, tout le culte n'est pas une affaire personnelle mais une affaire d'individu comme membre d'un groupe particulier…" "Sonst ist überall - am deutlichsten im alten Semitentum, Griechentum, Römertum - die religiöse Pflicht der Opfer, das Gebet, der gesamte Kultus keine persönlifche Angelegenheit, sondern liegt dem Individuum als Mitglied einer bestimmten Gruppe…" (133).

Ainsi Dieu est perçu comme “membre suprême de l’âme communautaire” - “Gott ist das oberste Mitglied des Gemeinwesens”.

L’interaction en tant que réalité sociale ne se limite pas aux personnes empiriques de l’ici-bas. La compréhension simmelienne de la Religion inclut la relation entre la divinité et le croyant. La croyance signifie pour Simmel un sentiment d’approche, vivant et personnel (134).

La réalité sociale est le fruit des relations vivantes, autrement dit c’est dans “la Relation” qu’on doit chercher la vérité. L’essentiel pour le croyant n’est pas de savoir si Dieu existe ou non, mais de savoir si intérieurement il est en rapport avec Dieu “ob er ein bestimmtes innerliches Verhältnis zu lhm hat”. L’absence de ce rapport vivant est le critère décisif pour déterminer le religieux. “La croyance pratique est un comportement profond de l’âme, son essence est sociologique puisqu’il s’agit d’une actualisation d’un rapport existant entre le moi et l’être suprême en face de lui” (135).

La croyance pour Simmel n’est pas un contenu théorique mais un comportement de nature essentiellement sociologique. La relation entre deux êtres est décrite en tant que “formation de l’âme” “Seelisches Gebilde” issue du principe de l’action réciproque existante entre les hommes. La même qualité de relation définit non seulement la croyance mais aussi la divinité même.

Simmel ne conteste nullement l’existence réelle de Dieu.Seulement cette réalité n’émerge pas d’elle-même, elle est plutôt la conséquence de la relation entre individus en tant que membres d’un groupe. “Non pas l’individu seul, mais tout le groupe est soumis à un certain Dieu, ceci prouve qu’il existe une unité qui se concrétise en un Dieu et qui maintient les individus ensemble. Le Dieu est pour ainsi dire le nom donné à l’Unité sociologique” (136). Nous retrouvons cette définition (presque mot à mot) chez Durkheim (1912).

Pour Simmel ce sont “les formes interindividuelles de la vie sociale” qui déterminent les contenus de la croyance: “Die interindividuellen Formen des sozialen Lebens, werden zu lnhalten des Glaubens” (137).

Dans ce contexte, Simmel a publié un livre intitulé “Sociologie du Christianisme” “Soziologie des Christentums”, où il étudie dans ce livre les particularités du Christianisme, en particulier celles qui le différencient des autres religions.

Pour Simmel, la liberté et l'universalité sont ses exigences essentielles (Freiheit und Universalität). A côté de ces deux qualités, Simmel cite l'ascétisme auquel il a fait plusieurs fois allusion dans son ouvrage sur "l'Ethique" (Simmel 1893) avant même de publier son livre sur "la Religion". Dans son analyse, Simmel met l'accent sur le caractère de sacrifice que revêt ce comportement à ses yeux positif pour la moralité quotidienne.

Cependant, nous n'allons pas pour le moment approfondir ce domaine car ceci ne constitue pas l'objet de notre recherche. Notre but est de faire ressortir dans l'analyse simmelienne, les aspects sociologiques de sa compréhension de la religion et ses conséquences sur l'action réciproque entre les individus.

• *Interprétation du Monde à travers la Religion*

A la question "comment la religion est-elle possible?" Simmel pense que les hommes liés par l'action réciproque - sur la base des formes sociales - donnent une figure à la forme religieuse. L'essentiel dans le phénomène religieux est de savoir comment - du point de vue de la théorie de la connaissance - le monde est interprété et quel sens de la réalité s'en dégage. La religion est le chemin d'orientation "Orientierungsmarke" vers une maîtrise de la réalité se concrétisant dans l'image qu'on en construit.

Simmel se garde cependant d'affirmer que la pensée religieuse détient le monopole dans l'interprétation de la réalité.

Comme nous l'avons mentionné plus haut, toute grande forme de notre existence doit être capable d'exprimer dans une langue qui lui est propre la totalité de la vie: "Jede der grossen Formen unserer Existenz muss als fähig erwiesen werden, in ihrer Sprache die Ganzheit des Lebens zum Ausdruck zu bringen" (138).

Pour Simmel, à côté du monde de la religion, il y a aussi le monde des sciences naturelles et celui de l'histoire qui présentent parallèlement une “interprétation du monde” “Weltdeutung”. Aucun de ces mondes ne détient le monopole, au contraire, ils se complètent: “die gegenseitige Ergänzung”.

Pour Simmel le sujet de la construction de la réalité en tant que processus social est la vie elle-même. Nous retrouvons ici Simmel, sociologue de la vie, base de toutes formes et constructions sociales.

• *L’art comme “Vision esthétique du monde”*

Simmel est un penseur qui n’a pas négligé l’aspect esthétique des choses comme “Angle de vision” non pour le plaisir de l’esthétique mais pour comprendre “la vie sociale” et l’existence humaine. Il est vrai qu’il s’est préoccupé toute sa vie des problèmes de l’art comme en témoigne sa correspondance avec Rainer Maria Rilke, le comte de Keyseling, ou ses relations avec Rodin, mais aussi ses ouvrages ou articles sur Rembrandt, Gœthe, Dante, Michel-Ange, Léonard de Vinci, Stefan Georg... etc. Bien plus, il a laissé des pages sur les “roses”, “l’anse des vases” ou “le cadre des tableaux”, il a écrit sur “la qualité esthétique”, sur “la sociologie esthétique”, sur “l’esthétique du visage”.

Il ne faut surtout pas méconnaître l’influence que les ouvrages de Nietzsche ont exercé sur lui. Il faut noter et insister sur le fait indiscutable qu’à travers ses recherches sur l’art, Simmel ne se pose pas en esthète mais en sociologue qui, à la différence des sociologues de son temps, ne s’intéresse pas seulement aux faits massifs ou à la société en général, mais aussi à toutes les productions humaines de tout genre qu’elles soient, historique, religieuse, économique ou esthétique.

Son succès fut, paraît-il, comparable à celui de Bergson au collège de France, sauf que n’étant pas professeur en titre, Il a suscité une jalousie qui a nui à sa carrière universitaire (139). Le mérite de Simmel est qu’il a eu la capacité de s’attaquer à différents problèmes apparemment hétérogènes à partir d’une certaine vision du monde qui forme l’unité de sa pensée.

Nous allons, dans ce sens, procéder à l’analyse de la vision simmelienne du monde d’après les dimensions esthétiques.

D'après le philosophe contemporain Baron-Vieillard (140) on peut considérer Simmel comme un "pionnier de la vision esthétique du monde". A cet égard, c'est la considération du qualitatif en soi qui peut être désignée comme la première attitude esthétique de Simmel et ce, sous l'influence manifeste de Bergson (141).

Les études de Simmel sur la sociologie des sens et ses remarques très fines sur le rapport de la vue, de l'ouïe et de l'odorat relèvent de ce qu'appelle Jean Baruzi "une esthétique sensorielle".

Dans son livre intitulé "Philosophie der Kunst" "Philosophie de l'Art" Simmel analyse divers aspects de l'art, nous citerons d'abord le rapport de l'art avec la vie. Simmel écrit: "L'art n'est sûrement qu'une vision plus directe de la réalité".

Dans son chapitre intitulé "Métaphysique de l'art" de son ouvrage "Schopenhauer et Nietzsche" il cite cette phrase clé: "Toute œuvre d'art est proprement un effort pour nous montrer les choses comme elles sont en vérité et une réponse à la question: qu'est-ce que la vie?" (142). Et dans un autre passage, il explique le processus esthétique: "l'art emprunte à la vie ce qui peut lui servir, la recréant pour ainsi dire une seconde fois, bien que les formes dans lesquelles il accomplit son œuvre et dans lesquelles il consiste, pour ainsi dire, soient nées des exigences et de la dynamique de la vie" (143).

Dans ce domaine Simmel part aussi de la distinction de la Forme et du Contenu, et insiste sur leur réciprocité "Wechselwirkung". Il écrit à ce propos: "toute altération même la plus légère de ce qu'on appelle Forme est aussitôt une altération du tout et donc aussi de ce qu'on appelle contenu et inversement" (144). Autrement dit, il se produit une "Wechselwirkung" c'est-à-dire un effet de réciprocité entre le sujet (der Subjekt) et l'objet (der Objekt) dans le sens que l'œuvre d'art intensifie et enrichit la vie profonde du sujet qui admire. Et cette vie spirituelle, devenue plus élastique et plus expansive, se projette dans l'œuvre elle-même à laquelle elle prête sa propre unité et sa propre continuité.

Le deuxième aspect est l'étude de l'essence de l'œuvre d'art. Simmel introduit la théorie de la distance (Distanzierung). La valeur esthétique suppose une projection du Moi jusqu'à atteindre "un plan optimum" au niveau duquel l'objectivité atteint son maximum d'autonomie compatible avec la survivance des éléments subjectifs, et la vie subjective son minimum d'intensité avec l'indépendance des éléments objectifs. A cet égard, Simmel utilise le concept de l'âme que nous appellerions, selon Vieillard, le "Moi créateur" qui est tout à fait distinct du "Moi psychologique" (145). "La théorie simmelienne de l'âme exprime la transcendance du moi créateur. Celui-ci est l'âme que nous déduisons de l'œuvre et non pas de la reconnaissance psychologique de la vie du créateur, connaissance qui reste tout à fait extérieure à l'œuvre elle-même" (146).

Simmel utilise à cet égard l'image de la "Cristallisation": l'âme ou le moi créateur est la cristallisation de la loi intérieure du phénomène donné. Ce moi créateur est transcendant au moi psychologique et à l'œuvre elle-même. Simmel dit que cette âme ou ce moi créateur constitue la propre émanation de l'œuvre et sa condition.

La ressemblance entre l'œuvre et l'artiste vient en fait de ce que le moi créateur tend à s'identifier à l'artiste et à réduire au maximum le moi psychologique. Pour Vieillard le terme "Création" est considéré par Simmel dans le sens contraire de son usage bergsonien: "chez Bergson l'émanation va du moi fondamental à l'œuvre; chez Simmel elle va de l'œuvre à l'âme créatrice" (147).

Dans son ouvrage "Philosophie de l'art" Simmel emploie une image expressive pour définir le caractère de l'œuvre d'art: un chef-d'œuvre, dit-il, le tableau dans son cadre et la statue sur son socle, c'est un "îlot" dans le monde de la réalité, c'est une "entité insulaire" "inselhaft" qui attend que l'on vienne à elle, et qui ne se mêle pas comme un objet utile-instrument ou meuble-à notre vie journalière" (148).

Mais cet "éloignement" de l'œuvre d'art, sa "Selbstgenügsamkeit" "autosuffisance", c'est suivant l'expression de Simmel, le "Recul" "Anlaufrückschritt" grâce auquel l'œuvre prend en quelque sorte son élan pour pénétrer plus profondément dans notre conscience.

A ce sujet, Simmel cite deux génies, Gœthe et Shakespeare, dont il qualifie l'œuvre de "géniale" - De Gœthe , il dit que c'est son moi génial et surindividuel qui reflète le cosmos tout entier. Or "la conscience d'un artiste génial n'a pas de forme qui ne soit immanente à la matière de sa propre subjectivité" (149).

De même, si un drame de Shakespeare peut être dit "génial" c'est parce qu'il surmonte selon Simmel la dualité conceptuelle du Subjectif et de l'Objectif. La personnalité de Shakespeare dans ce qu'elle a d'étroitement individuel disparaît complètement de son œuvre. Pour Simmel, ce qui fait la génialité de Faust ou de Macbeth c'est l'expression de l'absolu qu'est la vie en unissant le moi avec un objectif par un va-et-vient d'influences réciproques qui arrivent à une synthèse entre la forme et la matière dans quelque chose d'inexprimable et que nous appelons le Beau.

Cette synthèse harmonieuse, Simmel la reconnaît aussi dans le lyrisme de son compatriote et contemporain, le poète Stefan Georg. L'unité formelle chez son ami Stefan Georg est assurée selon Simmel par la musique secrète des strophes et des mots et par "l'acoustique interne" qui résulte de certaines rencontres des syllabes qui éveillent chez le lecteur un mystérieux écho, des résonances subjectives et qui en réagissant sur l'œuvre contribuent à leur tour à la "spiritualiser" et renforcent son unité vivante: "Le véritable lyrisme transcende donc l'antithèse analytique de la Forme et du Contenu en stimulant en nous un élan de vie spirituelle qui harmonise les actions de l'œuvre avec les réactions du sujet, et réalise avec l'élément dramatique cet équilibre d'influence dont la jouissance esthétique est l'expression subjective, et beauté artistique de la traduction extérieure" (150). Il en résulte donc que la "distance esthétique" est paradoxalement compatible avec la présence caractéristique de l'expérience artistique. La présence naît ainsi de la coïncidence de la réalité intérieure avec la réalité extérieure.

Cependant, Il est difficile d'après Simmel de maintenir un équilibre entre la forme et le contenu. Equilibre résultant de la distance moyenne à laquelle l'objet se trouve par rapport au moi. Cet équilibre est pour Simmel un idéal car en fait il y a toujours disproportion entre le contenu et la forme.

Simmel explique ceci par la nature même de l'être humain qui est "der geborene Grenzüberschreiter", c'est-à-dire l'être de naissance qui franchit toujours les limites, "ein übertreibendesWesen": l'être qui exagère. De par sa nature, l'homme est condamné à rompre cet équilibre; ce qui le plonge dans la caricature. La caricature et la grimace sont précisément l'expression de cette disproportion entre la forme et le contenu, et l'artiste qui exprime, en l'hypertrophiant, cette dysharmonie particulière fait de la caricature. Simmel cite à ce propos l'Avare de Molière qui reste une très belle comédie et s'exprime clairement en disant "Dès que le balancement fonctionnel ou statique des parties disparaît, dès que sur un point le dépassement des limites se solidifie en s'isolant comme excès, la caricature réelle est donnée" (151). Bref, l'essence du "risible" est dans une "proportion psychologique entre la disproportion caricaturale de l'originale et la disproportion de la caricature" (152).

Cette attitude de Simmel n'est pas, on le voit, sans présenter certaines analogies avec l'esthétique bergsonienne.

Suivant la formule de Bergson: "le réalisme est dans l'œuvre quand l'idéalisme est dans l'âme" et "c'est à force d'idéalisme seulement qu'on reprend contact avec la réalité" (153). A ce propos, le philosophe Jankélévitch dit, en comparant les deux penseurs: "Mais tandis que Bergson pour atteindre à l'absolu de la vie immédiate se fie à une intuition qui éliminerait radicalement les formes intellectuelles, Simmel essaie, au contraire, par sa théorie de la "Distanzierung", de réaliser son intuition de la vie en "synthétisant" forme et contenu, non en "épurant" le contenu de toute détermination objective" (154).

Simmel dans un article intitulé "L'art pour l'art" attaque les théoriciens de "l'art pour l'art" et leur reproche de géométriser en quelques sortes l'esthétique en l'isolant de la psychologie concrète: "Dans l'Esthétique telle qu'on la conçoit depuis ces dernières décennies, règne une incontestable tendance à la mécanisation, à la mathématisation. Cette théorie vouée à un certain rationalisme (conformément à son origine française) ne dépasse point l'opposition entre le tout et la partie, laquelle prétend elle-même à la totalité" (155)

Car comme nous l'avons déjà exprimé plus haut pour l'analyse des formes autonomes, l'art est "la formation totalement close en soi, soustraite à la vie, et pourtant elle baigne dans le plein courant de celle-ci".

Pour Simmel toute forme même autonome reste attachée à la vie qui l'a créée. L'art est basé sur cette contradiction et c'est là où le rationalisme a échoué: “Il a échoué à préserver l’entière propreté et l’entière clôture de la vision strictement esthétique, la libération de l’art vis-à-vis de tout ce qui falsifie son essence artistique”. (156)

Et Simmel conclut son article sur “l’art pour l’art” en proclamant “la vie pour l’art et l’art pour la vie” (157). Dans son journal posthume, ainsi que dans son essai sur 1e christianisme et l’art Simmel compare l’art à la religion. Il y voit une relation fondamentale entre la forme de l’art et la forme de la vie religieuse: “La religion se présente partout comme le précurseur de l’art et partout l’art comme le stimulant de la disposition religieuse”. Cette “relation” s’exprime dans les différentes cultures de multiples façons; il cite comme exemples l’art chrétien ainsi que la peinture ou la sculpture dans l’art antique. Les moyens picturaux pour exprimer la contradiction inhérente au christianisme: Simmel cite Botticelli et Michel-Ange qui à travers l’expression picturale expriment “le profond paradoxe inhérent eu christianisme. De l’âme est présumé l’impossible, de la créature terrestre l’accès aux valeurs transcendantes, bref de l’imparfait la perfection” (158).

Cependant Simmel précise bien que malgré leurs ressemblances, les deux mondes, celui de la religion et celui de l’art, ne peuvent pas se toucher car chacun exprime “l’être tout entier”. “Mais notre âme avec ses impulsions brèves, ses capacités fragmentaires ne peut constituer aucun de ces mondes en une totalité, comme l’exige leur idée, chacun d’eux reste dépendant des stimulations fortuites, laissant pousser en nous tantôt tel morceau de lui, tantôt tel autre” (159).

Simmel utilise dans son “esthétique” deux thèmes religieux: l’âme et l’ange. Vieillard les a bien définis dans son ouvrage “La philosophie de la modernité” (160). L’ange symbolise le rédemption esthétique de la réalité et la délivrance. L’art apparaît, selon la conception simmelienne, comme un progrès, une victoire sur le chaos et les contingences de la vie: “Das Erlösende und Beglückende, das die Kunst uns gibt”. La fin de l’article consacré à “Rodin” parlera de cette rédemption comme d’une délivrance par rapport aux misères et aux troubles de la vie et retrouvera le concept hégélien de la “Versöhnung” ou “Réconciliation” qui réunifie les pans déchirés de la réalité. Et dans un autre article sur les questions fondamentales de la sociologie: “Dans tout l’art, dans toute la symbolique de la vie religieuse et ecclésiale... Grâce à eux, nous sommes libérés de la vie et pourtant nous y sommes quand même plongés” (161).

L’âme “die Seele” est un second thème de réflexion esthético-religieuse. “Diese Kraft und Geheimnis der Seele”: l’âme possède une force créatrice et un secret intérieur qui transcendent toute œuvre d’art digne de ce nom.

Simmel donne à l’âme le nom de “Moi créateur” qui comme nous l’avons dit plus haut diffère du Moi psychologique, c’est-à-dire qu’il lui est transcendent. Il dit que cette âme “est seulement la personnalité qui convient objectivement et intérieurement aux qualités de l’œuvre”. Le problème du “Portrait” que Simmel traite avec brio, a pour intérêt de faire surgir la représentation d’une âme, unité indivisible du visage: “Pour désigner le rôle incomparable imparti au visage humain dans le domaine des arts plastiques, on dit, d’un point de vue certes bien général et pour ainsi dire lointain, que l’âme s’exprime avec le plus de clarté dans la forme de celui-ci” (162).

Le portrait ne renvoie qu’à lui-même. C’est l’art de Rembrandt qui aux yeux de Simmel est le sommet de la représentation picturale de l’être humain: “C’est seulement chez Rembrandt que le fait d’avoir une âme (Seelenhaftigkeit) parvient à une parfaite maîtrise en tant que fonction destinée à maintenir le phénomène dans l’unité” (163). L’âme est donc “la loi d’organisation et de composition des traits, qui ne sont que la réalité picturale” (164) et il ajoute “Dans le corps humain, le visage est ce qui possède au plus haut point cette unité intrinsèque” (165).

Ainsi les formes autonomes tout en étant des “fins en soi” sont l’expression profonde de la réalité, une manière de concevoir le monde à partir des mêmes sources. “On peut concevoir le monde religieusement ou artistiquement, on peut le concevoir pratiquement ou scientifiquement: ce sont les mêmes contenus qui forment à chaque fois, sous une autre catégorie, un cosmos incomparable dans son unité” (166).

Troisième partie

LE VITALISME SOCIOLOGIQUE DE SIMMEL

1- Analyse du concept de la vie

Aux “Formes” s’oppose la “Vie” dans un contraste radical.

Toute l’œuvre de Simmel est marquée par cette opposition de la vie et de la forme. On a souvent qualifié la philosophie de Simmel de “Lebensphilosophie”. Il emploie lui-même cette expression mais on réduirait toute sa pensée en négligeant la forme qui est à la fois son complément et son contraire.

Julien Freund pense que: “Simmel est à la fois un théoricien de la forme et de la vie, sans que l’on puisse dissocier l’un de l’autre” (1). En fait, à la fin de sa vie, Simmel n’aura de cesse d’accentuer le thème de la vie pour déboucher sur une “sorte d’existentialisme”. C’est dans un livre posthume “Lebensanschauung” que G. Simmel a abordé de front le problème de la vie. Simmel se fait de la vie une idée originale qui emprunte à Hegel l’idée et à Bergson l’élan vital.

De Hegel vient la conception de la Vie comme Idée: toute figure de la vie, dans la nature, sous la forme de la vie biologique, comme dans l’esprit, sous la forme de la vie consciente, se réfère à une idée de la vie, qui n’est ni naturelle ni spirituelle. Pour Simmel comme pour Hegel la vie est l’idée immédiate.

De Bergson, Simmel garde l’élément dynamique du concept de Vie: le fait que la vie soit élan et élan créateur est capital. La vie est le flux continu du vécu, le devenir qui “s’écoule sons interruption dans sa continuité, soudée uniquement au temps sons aucune rupture” (2). C’est “dans le vécu que la vie se révèle”. Elle est “Un tout dont on ne saurait détacher (si on la considère objectivement) aucun élément, étant donné que dans la continuité tout élément réel constitue un pont inévitable entre celui qui le précède et celui qui le suit” (3).

Ce qui intéresse Simmel en premier lieu ce n’est pas cette “continuité” qu’est la vie mais l’opposition irrémédiable entre la Vie et les Formes et parle même d'une "lutte de la vie contre la forme en général, contre le principe de la forme" (4). L'antagonisme entre la Vie et la Forme constitue le débat fondamental que Simmel exprime le mieux dans son fragment "Brücke und Tür" "Pont et Porte": "L'image des choses extérieures comporte pour nous cette ambiguïté que tout, dans cette nature extérieure, peut passer aussi bien pour relier que pour séparer (5). Le "Pont" "Brücke" constitue l'image de la liaison, de la mise en rapport; la Porte "Tür" celle de la séparation, de la dissociation, parce qu'elle clôt l'espace sur lui-même au milieu de l'infinité.

Pour Simmel, il existe une constante corrélation entre ces deux processus: "Qu'il s'agisse du sens immédiat ou du sens symbolique, du sens corporel ou du sens spirituel, nous sommes à tout instant des êtres qui séparons ce qui est lié ou lions ce qui est séparé" (6). Cette réciprocité a aussi une signification métaphysique: "le Fini dans lequel nous nous sommes installés est en quelque endroit toujours attenant à l'infini de l'être physique et métaphysique" (7). La vie, qui est un flux ininterrompu et perpétuellement mobile, s'est donc figée en "individualités closes et périssables". C'est là le premier acte du tragique de l'existence selon Simmel. "L'individu, c'est donc une parcelle de l'étoffe de la vie isolée dans l'enclave intemporelle et rigide d'une forme" (8). La vie n'est donc connue que sous la forme d'un moi limité dans l'espace et fini dans le temps. "Sa limite n'est pas seulement spatiale, elle est également temporelle" (9). Cependant la mort n'est pas en contradiction avec la vie. "La mort est immanente à la vie". Nous rejoignons ici les conclusions de la Métaphysique et de la Mort (10).

Pour Simmel, nous portons tous au fond de nous-mêmes, dans notre individualité, dans nos actions, dans nos croyances, dans notre chair et notre sang la "négation de notre propre essence, la mort". Et cette antithèse de la vie, "préformée dans la vie" envahit notre conscience à mesure que celle-ci s'extériorise en valeurs morales esthétiques et religieuses.

"C'est la tragédie de le culture spirituelle" "Tragödie der geistigen Kultur": "Et de même que notre vie soit accordée avec la mort et constamment déterminée par elle, n'est pas non plus en contradiction avec le déroulement de la vie normale qui suit un mouvement ascendant pendant une certaine période où elle va toujours croissant et devient pour ainsi dire de plus en plus vivante, puis amorce les premiers signes de le descente seulement après avoir atteint un point culminant de son développement - en apparence alors plus éloigné de la mort que tous les moments précédents" (11).

La conséquence de ce fait est que la vie en tentant de rompre ses chaînes et de se dépasser elle-même va se transformer en "Mehr-Leben" et en "Mehr als Leben "Plus que la vie" et "Autre chose que la vie" (12).

Cette proposition signifie que la vie devient quelque chose qui n'est plus la vie. Simmel s'éloigne de Bergson à qui il adresse des reproches: "On a l'impression que Bergson n'a jamais aperçu ce qu'il y a de profondément tragique dans ce fait que la vie pour pouvoir exister doit se convertir d'abord en non vie" (13)." Le drame de la culture spirituelle" "Die Tragik der geistigen Kultur" qui consiste en une négation de la vie par la mort qui est inhérente à la vie même (puisque 1a mort fait partie de 1a vie) et que le ´Vital', pour se réaliser, a besoin de sa propre antithèse. Ceci est "le Grundmotiv" fondamental qui domine toute la pensée de Simmel.

La grande conversion de Simmel consista à "intérioriser" la négation de la vie: "Ce qui fait le drame de la culture, c'est justement que l'antithèse de notre pensée en est un élément intime. C'est que nous portons au fond de nous-mêmes des virtualités de mort et que, par un paradoxe à la fois ironique et douloureux, le développement de ces germes meurtriers est la condition de notre culture et le signe éclatant de notre supériorité" (14).

Nous arrivons ici à la tragédie de la culture qui est la conséquence immédiate du drame de la vie.

2- “Le concept et la tragédie de la culture”

“Der Begriff und die Tragödie der Kultur”

Dans ce texte, Simmel définit la culture comme “1e chemin de l’âme vers elle-même” ou “l’âme en route vers soi”. Ainsi définie, la culture n’est pas un “idéal” préfiguré mais un effort de l’âme pour se libérer elle-même en créant des formes indépendantes d’elle. Ce chemin de l’âme vers soi peut emprunter plusieurs voies “une multiplicité de voies” (Eine Vielzahl möglicher Darstellungsweise). La culture en ce sens est le cheminement qui va “d’une unité close vers une unité déployée à travers une pluralité déployée· (15).

Nous voyons ici apparaître le “Dualisme” dont il a été toujours question sous la forme, cette fois-ci, de “l’équation sujet/objet”. Le sujet, c’est l’âme individuelle; l’objet, c’est l’ensemble des formes qu’elle crée mais qui continuent leur propre vie indépendamment du sujet. Ce dualisme s’effectue par un double mouvement “celui de l’objectivation du sujet et celui de le subjectivation de l’objet”. Ce processus caractérise la culture. Ainsi d’une part “l’esprit s’objective dans les formes politiques, artistiques ou religieuses qui se détachent de lui, d’autre part l’esprit subjectif essaie par la suite de les “intégrer en lui”, mais c’est bien en lui-même qu’il doit les intégrer, c’est-à-dire qu’il ne peut pas les laisser subsister en tant que “simples valeurs objectives” (16).

“Tel est le paradoxe de la culture” (Paradoxe der Kultur) qui naît de la rencontre de deux éléments qui ne se rencontrent jamais, “l’âme subjective et les créations de l’esprit objectif” (17).

Ce “Paradoxe”, qui est donc, aux yeux de Simmel, fatal, constitue la spécificité du processus culturel et la seule façon qu’a l’existence dualiste de s’organiser en un système de relations intérieurement unifié” (18).

Simmel pousse plus loin l’analyse de cette objectivation de l’esprit en la qualifiant de “Forme fondamentale de la souffrance” infligée à l’âme qui “meurt parfois de sa propre production”. Cela veut dire que la culture cherche à dissoudre la vie dont elle procède et au service de laquelle elle est destinée dans le contradictoire, et s’autonomise sans s’interroger sur les “conséquences psychiques des objets eux-mêmes par delà leur ultime finalité” (19).

Cette objectivité des créations dont l’essence est “le vouloir et le pouvoir, le savoir et le sentir humains” et qui constitue la richesse de l’existence. Cependant ces créations parviennent à un terme de leur détermination en acquérant une “objectivité naturelle” et un “isolement autosuffisant”. Simmel cite comme exemple l’Art, la Religion et l’Economie.

“L’œuvre d’art doit être parfaite en vertu des normes artistiques qui n’interrogent que sur elles-mêmes et qui accorderaient ou refuseraient è l’œuvre la valeur qui lui revient, fût-elle pour ainsi dire seule en monde.” (20).

De même “ La religion qui renferme en elle tout son sens en apportant le salut de l’âme” et “le produit économique” qui se veut parfait en tant que produit économique et ne reconnaît donc pour soi aucun critère axiologique autre que l’économique” (21).

A ces créations, il manque cependant un facteur capital, c’est la valeur. La signification, attribuées par le sujet à ces créations et l’on ne peut parler de culture que s’il y a synthèse entre “le subjectif et l’objectif”: “Il n’est pas de valeur culturelle qui soit uniquement telle; au contraire, pour acquérir cette signification chacune doit être également valeur dans une série concrète” (22). Ainsi la valeur culturelle dépend de la fusion de deux facteurs: “évolution subjective” et “valeur spirituelle objective” et Simmel ajoute que “pour l’être de génie, ces deux courants ne font qu’un, puisque pour lui l’évolution de l’esprit subjectif pour lui-même et pour les forces qui le poussent, constitue une unité indissociable avec le dévouement totalement altruiste à la tâche objective. La culture est toujours synthèse” (23).

Simmel procède ensuite à une analyse de la structure même de la culture:

1) Le dualisme Sujet/Objet que la culture est sensée surmonter par la fusion et la synthèse peut se transformer en "discordance dans les contenus empiriques particuliers des développements subjectifs et objectifs". Ceci est particulièrement propre à la religion qui devient autosuffisante et ignorante de la liberté de l'homme. Ceci est aussi propre à la société et constitue le motif fondamental du "conflit social entre l'être humain en tant qu'individualité achevée en elle-même et le simple membre d'un organisme social" (24).

Le processus a déjà été étudié dans le chapitre concernant le conflit).

2) Il arrive aussi que le contenu culturel, émanant de plusieurs personnalités étrangères l'une à l'autre, devienne une unité existante sans producteur. Cette œuvre atteint une objectivation "accomplie", une validité en dehors du sujet qui l'a engendrée. Les contenus sont "des arts créés par des sujets et destinés à des sujets, mais dans le stade intermédiaire de la forme objective qu'ils prennent au-delà et en deçà de ces instances, ils évoluent suivant une logique immanente et deviennent par là même étrangers à leur origine comme à leur fin" (25).

Simmel cite l'exemple de la fabrication industrielle des produits manufacturés qui suggère "celle de produits secondaires pour lesquels il n'existe pas vraiment de besoin, mais le nécessité contraignante d'utiliser à plein ces installations une fois créées pousse à cette fabrication" (26).

Simmel cite aussi les efforts de la philologie qui se mue souvent en "micrologie", en pédantisme et en travail sur l'inessentiel" (27).

Il cite aussi le "savoir superflu" dans les domaines scientifiques, qui conduit à une "autovalorisation de n'importe quel travail scientifique", à une "inquiétante fécondité au sein de l'intellectualité scientifique" dont les produits "sont souvent stériles".

Simmel qualifie cela de "fétichisme" et de "spécialisation abusive" déplorable. Il résume ce processus en ces termes: "le développement des objets est soumis à sa propre logique qui n'est ni dans le concept, ni dans la nature, mais seulement dans leur évolution en tant que produits culturels humains" (28).

Et c'est précisément cette logique immanente aux objets qui est à la base du tragique culturel. “Tel est le concept de toute culture que l’esprit crée, une entité objective autonome, par où passe l’évolution du sujet allant de soi à soi” (29).

Cette “entité objective” a la capacité de se développer à l’infini et d’aligner “livre après livre, chef-d’œuvre après chef-d’œuvre, invention après invention”, jusqu’à atteindre un déséquilibre dans son dualisme avec le sujet qui, lui, est limité dans le temps et dans l’espace, et se trouve contraint d’opérer un choix parmi ces objets, ce qui engendre souvent un sentiment d’impuissance et d’accablement. Simmel attribue cette situation particulièrement à l’homme moderne qui se trouve déchiré devant cette multitude d’éléments culturels. Car “il ne peut pas les assimiler intérieurement tous en particulier, ni non plus les refuser purement et simplement, parce qu’ils entrent pour ainsi dire, potentiellement dans la sphère de son évolution culturelle”. (30).

En un sens, c’est là une des façons pour l’homme de se dépasser, mais du même coup il risque de se perdre lui-même car “la culture doit être une comme l’individu”.

Et Simmel résume en une belle phrase de son texte sur “la Tragédie de la culture” le processus de la culture allant du sujet vers l’objet et réciproquement: “Il lui faut payer cet accomplissement de soi par le risque tragique de voir s’engendrer dans l’autonomie du monde créé par lui (l’esprit) et qui en est la condition, une logique et une dynamique détournant, à une rapidité toujours accélérée et à une distance toujours plus grande, les contenus de la culture de la finalité même de la culture” (31).

Par ailleurs on retrouve chez Marx la même attitude exprimée dans un même système conceptuel “fétichisme,” aliénation, “objectivation”

Cependant, si Marx avait donné au processus, par lequel l’esprit s’exprime et s’objective, une signification concrète sociale, Simmel revient à la métaphysique sans quitter le plan de l’histoire: “le processus d’objectivation se déroule dans l’évolution concrète des sociétés”. Comme le pense Raymond Aron (32), le conflit du dualisme sujet/objet est insoluble chez Simmel parce qu’il est en même temps métaphysique et social.

3- Dimension de la tragédie de la culture

• ***Modernité et Individualisme***

L'essence du Tragique se situe donc dans l'oscillation entre la vie et la forme "Des Leben - Form Problem" qui se résume en ceci: La vie s'extériorise dans la forme dans laquelle elle s'affirme. La forme à son tour étouffe la vie et l'individu. Ceci est une double tragédie, celle de le culture et de la société: "Doppeltragödie der kultur wie der Gesellschaft".

Sur cette tragédie inhérente à toute culture, quelle qu'elle soit, se greffe de nos jours ce que Simmel appelle le "Conflit de la culture moderne". Simmel réfléchit à partir de l'Individu et pose le problème du rapport entre la partie et le tout: "La société et son représentant en chaque individu qu'est la conscience socio-morale, exigent sans cesse des spécialisations, qui ne se contentent pas seulement, comme nous l'avons mis en évidence, de retarder le développement de le totalité harmonieuse de l'homme et de le détruire, mais par leur contenu, ces spécialisations s'opposent souvent, avec le même hostilité, aux qualités que d'ordinaire on appelle humaines. Il semble que ce soit Nietzsche qui, le premier, ait senti avec une grande clarté la différence entre l'intérêt de l'humanité et l'intérêt social" (33).

Il y aurait donc une partie de l'expérience humaine qui échappe eu déterminisme sociologique. Etant devenue une science, orientée vers "la compréhension immédiate des données" dans un monde d'apparences, la sociologie se trouve dans la nécessité de recourir aux réflexions philosophiques pour les problèmes de fond tels les questions d'ordre métaphysique. "Tous les phénomènes humains purement objectifs auxquels notre âme prend une part quelconque, tels la connaissance logique et l'imagination métaphysique concernent les choses, la beauté de l'existence et son image dans l'automagnificence de l'art, le royaume de la religion et de la nature, tout cela, pour autant que nous le possédons, n'a absolument rien à voir, ni intérieurement, ni selon son essence, avec la société" (34).

Le puissant cheminement de la pensée simmelienne conduit donc à la prise de conscience des limites des possibilités de la connaissance de nature sociologique. La sociologie ne peut plus fournir d'explication à ces "qualités purement personnelles, tels la force et la beauté, la profondeur de pensée et la grandeur des convictions, la douceur et la distinction, le courage et la pureté de cœur, qui ont une signification autonome, totalement indépendante de l'enchevêtrement social" (35). L'homme ne se réalise qu'en intégrant à la vie les objectivations spirituelles. Par là, Simmel introduit le thème de "l'individualité" dans une sociologie qui débouche inévitablement sur la philosophie et que Simmel intitule "Sociologie philosophique".

A travers cette nouvelle orientation survenue à la fin de sa vie, Simmel ne cherche ni un compromis ni une solution aux problèmes qui l'agitent; il veut montrer qu'il y a une multitude de possibilités de se représenter la vérité (36).

Pour Simmel, il ne s'agit plus d'établir, à la manière des philosophes du XIXe siècle, une césure entre science et métaphysique, la première étant la racine de la seconde. Cette conception ne fait qu'irriter les sociologues attachés au scientisme positiviste. En fait, Simmel n'a fait que tirer les conséquences de ses réflexions sur la sociologie.

L'intervention introduite par son nouveau concept "Sociologie philosophique" permet de mettre une fin à une grande augmentation scientifique expérimentale et commencer une argumentation métaphysique. Donner un sens et un but à la vie est un problème qui a préoccupé intensément Simmel. Il cherche à fuir la puissance dominatrice de la culture objectivée et de ses formes sociales. Simmel trouve refuge dans l'individualité qualitative qui n'est pas conditionnée socialement. Un individu qualitatif dispose d'une force qui lui permet de fixer ses propres normes, de vivre selon son idéal propre et ses propres lois individuelles.

L'ouvrage de Simmel intitulé "La loi individuelle" est un "essai de solution" "Lösungsversuch" au tragique culturel et social. "La loi individuelle" (37) est le noyau de la "Philosophie de la vie" de Simmel;

sa nouvelle théorie philosophique est néanmoins le résultat de sa théorie sociologique. Elle est le reflet de sa résignation face au “tragique” inhérent à toute culture humaine et symbolise un retour vers une forme esthétique de la vie et aussi sa fuite devant un progrès social qui étouffe toute liberté humaine. Après la grandeur (Aufbau) du début de l'ère scientifique il y a la décadence (Verfall) car le progrès est devenu un but, une fin en soi et non pas une catégorie de valeur (Wertkategorie) tel qu'il doit être.

Simmel se proclame pour un renouveau dans la culture. Il proclame même une “métaphysique de l’Ici-Bas” “Metaphysik des Diesseits”, autrement dit: “une spiritualité de la vie matérielle et une matérialisation de la vie spirituelle” “Ein neues Geisteswerden des Lebens und ein Lebenwerden des Geistes". Cette phrase résume toute la philosophie de la culture chez Simmel et le “Renouveau” qu'il lui assigne.

Nous avons parlé ou début de cet ouvrage, de l'idée du progrès et de sa contribution à l'émergence de la sociologie en tant qu'activité scientifique de l'esprit. Les théories sociologiques qui apparurent au début du XIXe siècle étaient l'expression des changements radicaux qui s'opéraient parallèlement dans les consciences. Le "Perte de sens" Der Sinnverlust" qui en résulte, fut à l'origine du tragique de la modernité", dont d'après Simmel la guerre de 1914 est la manifestation sanglante.

Pour Simmel, la "Modernité" se caractérise par une confusion de la fin et des moyens. Le développement technique a pris un "caractère tellement tempétueux", qu'il constitue un danger pour l'homme enivré par les produits techniques. C'est le danger inhérent aux cultures très développées où l'homme a le sentiment d'être écrasé plus que libéré. La notion de tragique est particulièrement visible à l'époque moderne dans la mesure où le concept de vie devient le concept central de l'époque et où il entre en tension avec l'individualisme moderne.

C'est Simmel qui fut un des premiers à découvrir “l'antagonisme existant entre l'intérêt social et l'intérêt individuel” “Die Unversöhnlichkeit des individuellen und des sozialen Interesses”. Il l'explique clairement au début de son texte sur “l'Individu et la Société dans certaines conceptions de l'Existence du XVIIIe et XIXe siècle. “Le véritable problème pratique de la société réside dans le rapport que ses forces et ses formes entretiennent avec la vie propre des individus. Peu importe si la société existe par les individus ou en dehors d'eux" (38).

L'individu selon Simmel, recherche dans la société reconnaissance et statut mais la société n'attend de lui que le Rôle “Als Rollenträger”. Ce conflit “entre le tout, qui exige de ses éléments qu'ils se bornent à leur fonction partielle, et la partie, qui veut être elle-même un tout...” est à l'origine de la nouvelle orientation dans l'évolution des sociétés modernes. Cette nouvelle orientation se fait sentir dans les domaines philosophiques, artistiques et religieux. Elle est définie par un retour vers la liberté individuelle et l'épanouissement du moi fondamental de l'être humain.

Selon Simmel, c'est la philosophie de Nietzsche et celle de Kant qui redonnèrent à l'individu toute sa valeur. “Rigoureusement parlant, cet être immédiat de l’homme est pour Nietzsche le lieu où s'élèvent les divers sommets du genre humain. Toutes les institutions sociales, tout ce que l’individu donne et prend, qui lui confère une existence sociale, ne sont à cet égard que des conditions préalables ou des conséquences de valeurs concernant la complexité de l'individu, qui lui permettent de gravir un échelon dans le développement de l'humanité” (39). Nietzsche donne donc la primauté à la valeur humaine et libère l'homme ainsi de sa dépendance sociale devenue aliénante.

De même Kant a transposé le fondement de l’appréciation humaine de l'action dans l'intervention: “La bonne volonté, une disposition qu'il est inutile de décrire plus en détail, mais qui est à la source ultime de notre activité et qui se trouve derrière toutes les manifestations de cette activité, constituerait notre valeur, tandis que le phénomène lui-même et toutes ses affectivités ne seraient qu'une simple conséquence qui tantôt exprimerait avec justesse cette réalité essentielle, tantôt la défigurerait et qui serait ainsi mise par les puissances de la phénoménalité dans un rapport purement contingent avec la valeur fondamentale” (40).

Kant en exprimant ainsi le “devoir moral”, a donné à la nouvelle idée de l'individualité sa “forme la plus profonde”. C’est “l’impératif catégorique” kantien qui exprime, selon Simmel, la signification essentielle de la dignité morale de l'individu: “agis de telle sorte que la maxime de la volonté puisse être considérée comme la maxime d'une législation universelle". Ainsi la liberté, source de toute moralité, acquiert toute sa valeur. Et Simmel affirme plus loin: "Non seulement l'homme libre est seul à être un être moral, mais seul l'homme moral est libre, car seule son activité possède cette légalité universelle, qui n'est jamais réelle que dans le moi, qui ne subit aucune influence et qui ne repose que sur lui seul" (41).

Ce retour à la valeur de l'Individu redonne au moi sa propre puissance. Cette recherche de "l'Individualité qui trouve déjà ses germes dans la philosophie se fait sentir aussi dans le "Monde de l'Art".

L'article fondamental sur "l'Individualisme de Gœthe", paru dans la revue "logos" de 1912, montre la confluence gœthéenne avec la modernité. Gœthe est pour Simmel à la fois un classique et un moderne par sa conception de l'individualité. L'individualité moderne est qualitative. Gœthe considère que l'individu est créateur par lui-même, il doit réaliser ses tendances naturelles propres plutôt que de se conformer à un modèle extérieur et de projeter ses désirs sur des objets qui le fascinent: "Deviens ce que tu es" tel est le titre d'un bref essai de Simmel. Mais il ne s'agit pas de rechercher le singulier, ni l'originalité. Simmel admire particulièrement cette phrase de Gœthe: "On parle toujours d'originalité, mais qu'est-ce que cela veut dire? Si je pouvais dire tout ce dont je suis redevable à de grands prédécesseurs ou de grands contemporains, il ne resterait pas grande chose d'autre. Que pouvons-nous donc nommer notre bien propre, sinon l'énergie, la force, la volonté" (42).

C'est à ce pôle gœthéen de la modernité que se rattache Simmel. En effet les personnages de Gœthe portent en eux un monde et chaque destin particulier est un monde en soi. Simmel dit à propos de Gœthe et de son œuvre littéraire "Wilhelm Meister": "C'est dans les années d'apprentissage que l'on décrit en effet, pour la première fois, un monde qui dépend entièrement de la complexité originale des individus qui ne s'organise et ne se développe que par eux, sans préjudice de ce que ces figures soient conçues comme des types. Si souvent ces figures se répètent dans la réalité, il n'en reste pas moins que chacune d'elles a le sentiment d'être en dernière analyse différente des autres, bien qu'elles soient en contact entre elles par la destinée, de sorte que l'accent est mis dans leur vie non sur ce qui est identique, mais sur ce qui leur est absolument propre" (43).

Cette tendance, on la retrouve aussi chez Schiller qui déclare "Chaque homme individuel porte en lui, selon ses aptitudes et déterminations, un homme pur et idéal en soi, la grande tâche de son existence étant d'être à l'unisson de cette unité inaltérable en dépit de toutes ses variations. On peut trouver cet homme pur, de façon plus ou moins distincte dans chaque sujet" (44).

De même, chez les Romantiques, on a déjà ressenti cette tendance puisque Rousseau pense que l'homme est bon de nature, et que c'est la société qui l'a corrompu. De même Novalis veut laisser son "esprit unique" se transformer en un nombre infini d'esprits étrangers disant "qu'il habite en quelque sorte tous les objets qu'il contemple et qu'il ressent les impressions infinies et simultanées d'une pluralité harmonieuse" (45). Pour Simmel "ce qui doit être sauvé ce n'est pas l'individualité mais la vie de l'individualité" (46).

Dans son livre intitulé "Philosophie de la Modernité", le philosophe contemporain J.L. Vieillard présente une analyse profonde de l'Esthétique et la Modernité dans l'œuvre de Simmel. A ce propos, il cite Rodin et Rembrandt à qui Simmel a consacré une partie de ses études sur l'Art au point où Vieillard déclare: "on sait que la philosophie de l'Art de Simmel est placée sous l'emblème de Rembrandt". L'ouvrage de Simmel sur Rembrandt (47) témoigne de l'intérêt qu'il lui porte. Rembrandt apparait comme le peintre de l'individualité spirituelle de l'âme; sa lumière même est de nature spirituelle. Simmel admire dans les portraits de Rembrandt l'effacement presque total du formalisme ornemental et l'intensité de vie spirituelle car pour Simmel "toute figuration particulière a besoin, pour produire son effet esthétique, que ses parties soient cohérentes, solidaires, tout écartement ou écartèlement des parties est laid, parce qu'il interrompt et affaiblit le lien avec le centre, c'est à dire la domination visible de l'esprit sur l'environnement de notre être" (48). C'est dans ce sens que Simmel donne ou "Visage" un rôle incomparable dans le domaine de la peinture et de la sculpture: "nous ressentons le visage comme le symbole non seulement de l'esprit, mais de l'esprit en tant que personnalité à nulle autre pareille. Le meilleur portrait est celui qui restitue toute la personnalité du sujet par des moyens picturaux" (49).

Rodin fait figure aux yeux de Simmel du meilleur représentant du drame moderne dans l'art. Il a donné au "Mouvement" du corps toute son expression et son symbolisme: "Il a été le premier à lui donner un style pour exprimer la position de l'âme moderne en face de la vie" (50). Vieillard qualifie la conception simmelienne de l'art "d'Esthétique vitaliste".

Simmel apprécie particulièrement Rodin car il dépasse les deux idées-forces du XIXe siècle: la nature et l'histoire. Rodin s'est exprimé librement dans sa sculpture qui reçoit grâce au mouvement naturel et fugitif de ses personnages une intemporalité esthétique: "La sculpture antique cherchait pour ainsi dire la logique du corps. Rodin cherche la psychologie du corps" (51).

La tendance psychologique qui est une nouvelle tendance de la modernité qui cherche à exprimer le moi profond de l'individu est présente dans la sculpture de Rodin qui cherche à travers le mouvement "immobile" à rendre la réalité "mobile" et particulière. Cette tendance psychologique n'a fait que se confirmer durant tout le XXe siècle, après la mort de Simmel, en particulier dans le phénomène social et culturel que devient la psychanalyse. Simmel dit à ce sujet "A l'intérieur du corps la modernité préfère le visage, l'antiquité le corps, parce que le premier montre l'homme dans le flux de sa vie intérieure alors que le second le montre plus dans sa substance durable" (52).

L'art doit vivre le sens de la vie, "Il est la vie dans ce qu'elle a de plus profond, il est la vérité" (53).

Au sujet du problème de "la Vérité" Simmel voit deux sortes de problèmes: La question (ou problème) de l'accès théorique à la "Vérité objective" et La question de l'acceptation ou du refus de la "Vérité" sur le plan subjectif.

Pour Simmel, la "Vérité" plane sur nous et nous l'élaborons à travers notre action en la rejetant ou en l'acceptant.

Cette tendance se manifeste aussi dans certains courants révolutionnaires tels que le "Futurisme" qui est l'expression désordonnée ou du moins brute de la vie en aboutissent à un refus de la forme, autrement dit à “un chaos de formes atomisées”.

Cette tendance moderne à l'indétermination et à l'informe investit l'expérience religieuse même: “L'âme veut affirmer sa disposition à croire, alors qu'elle a perdu la foi dans tous les contenus déterminés” (54). Le monde moderne paraît refuser tout dogme et lourdeur historique de la religion et se réfugie dans le mysticisme dernier refuge des natures religieuses”. Ainsi l'homme moderne est livré à la Religiosité qui s'exprime dans le “processus” immédiat de la vie. La liberté sans dogme est une revendication de l'homme moderne.

La philosophie est aussi en crise. Ceci est tout à fait normal car elle est d'abord affaire de liberté d'esprit et solitude intellectuelle.

La véritable crise provient de ce que les cadres conceptuels grecs, socratiques et platoniciens ne sont plus opérationnels. Simmel pense cependant qu'il faut les reconnaître pour pouvoir les dépasser car ils ne peuvent plus servir comme modèles.

Le monde conceptuel de la philosophie est remis en question et le pragmatisme est présenté dans l'essai sur la “Culture moderne” comme le symbole de la philosophie moderne.

• ***Le pragmatisme***

Le Pragmatisme est une nouvelle orientation philosophique dont le but est la recherche de la vérité à travers la connaissance et l'action “Erkennen-und Handeln “Der Pragmatist Verlebendigt den Intellekt, sein Gegner intellektualisiert das Leben” (55).

Dans le Pragmatisme, il ne s'agit plus de se représenter les choses uniquement d'un point de vue théorique mais aussi pratique obéissant ainsi aux exigences de la vie: “Ce ne sont pas les objets en soi, ni une raison souveraine en nous qui déterminent le contenu de Vérité de notre représentation mais c'est la vie même qui produit parmi ces représentations un ordre de valeur et ceci une fois selon ses utilités grossières, un autre selon ses besoins spirituels les plus intimes. “Un pôle de ces représentations sera la Vérité totale, l'autre pôle l'Erreur totale” (56).

Le Philosophe W. Jerusalem considère la “philosophie de la vie” de Simmel comme faisant partie de la pensée pragmatique (57).

Nous savons qu'Henri Bergson et ses travaux ont une influence considérable sur cette partie de l'œuvre de Simmel (Simmel 1914). Jerusalem pense que la Philosophie de Bergson comporte deux aspects, pragmatique et mystique-spéculatif “zwei Seiten, eine pragmatische und eine mystisch - spekulative” (58).

En 1895, Simmel publie un article dans le premier numéro de la Revue “Archives pour une Philosophie systématique” “Archiv für systematische Philosophie”, l'article “Sur le rapport de le théorie de la sélection avec la théorie de le connaissance” “Über eine Beziehung der Selectionslehre zur Erkenntnistheorie” (59). Simmel y développe les fondements du pragmatisme; il se rapporte à la thèse selon laquelle "la connaissance humaine est née des nécessités pratiques de la vie" "dass das menschlische Erkennen aus praktischen Notwendigkeiten entsprungen sei" (60). Simmel voit une différence entre la “connaissance” “Erkennen” et la “réalité objective” “objektive Wahrheit”. Cette différence est d'une grande importance car elle est caractéristique de la position simmelienne qui s'écarte de la conception des autres pragmatistes. Simmel reste fidèle à sa position, ce qui explique d'ailleurs son rejet énergique du pragmatisme américain qui ne fait pas cas de cette différence pourtant fondamentale pour Simmel. Comme nous l'avons vu la tension entre sujet et objet est l'un des thèmes les plus importants de l'œuvre simmelienne.

Pour Simmel, Il existe une réalité objective dont le contenu ne dépend pas de l'intérêt pratique du sujet; seulement pour la comprendre et pour que notre faculté de représentation puisse la réaliser, Il faut se baser sur l’utilité capable de reconnaître le vrai avant le faux.

Pour Simmel, il y a d’un côté les besoins pratiques et vitaux et de l'autre un monde connaissable objectivement et il se demande si l'on ne peut pas trouver un principe d'unité entre ces deux éléments apparemment contradictoires et indépendants l'un de l'autre. La “Réalité extérieure” et “l'Utilité subjective” convergent vers le point de rencontre de leurs racines (61).

L’argumentation de Simmel part du principe de la réciprocité du "devoir moral" chez Socrate, "On doit aider l'homme à penser juste afin qu'il puisse agir juste". Par conséquent on peut dire que réciproquement celui qui a agi d'une façon juste a dû aussi penser juste. Autrement dit le critère de justesse serait le succès de l'action. Ceci n'est pas de nature à satisfaire la pensée profonde de Simmel et il dut reconnaître qu'il y a néanmoins des réalités objectives échappant à notre faculté de connaissance qui n'est pas - ou peut-être pas encore - capable de les discerner.

Platon avait vu là une réalité métaphysique mais Simmel parle d'une construction idéale "Eine gedankliche Konstruktion". Simmel fut le premier à définir les bases de la "théorie de la connaissance": "Nous pouvons peut-être dire qu'il n'y a pas théoriquement une vérité définitive qui serait à la base de notre action utilitaire, mais nous nommons "vraies" les représentations qui se sont avérées utiles et pratiques à notre action. Ainsi le dualisme dont il est question est écarté, la vérité des représentations ne dépend plus de sa concordance avec la réalité, elle devient elle-même la qualité des représentations, fondement de l'action. Il reste cependant à savoir si le contenu de ces représentations possède une ressemblance ou une relation permanente avec un ordre objectif des choses" (62).

Pour Simmel, l'essentiel est que les représentations qui déterminent notre action exercent leurs effets non selon leur contenu mais selon la force psychologique qu'elles y placent (63).

Nous retrouvons la phrase citée plus haut que Jerusalem a empruntée à Perry: "Le Pragmatiste donne vie à l'intellect; son adversaire intellectualise la vie" - "Der Pragmatist verlebendigt den Intellekt sein Gegner intellektualisiert des Leben" (64).

"Rendre vivant" l'intellect est un processus qui emprunte chez Simmel la voie du respect des motifs non rationnels en tant que contenus représentatifs qu'on ne peut appeler "Vérité" au sens intellectuel mais qui exercent un effet certain sur l'action "wirksam".

Là, Simmel donne une nouvelle dimension au concept de vérité. La vérité serait à la base du fondement méthodique du pragmatisme et de son rapport avec la réalité.

Les “représentations” exercent des forces réelles et psychiques, “reale psychische kräfte”, sur l'action qu’elles déterminent et ceci en tenant compte du pouvoir de décision, de l'assurance, de la mobilité ou de la rigidité avec laquelle elles sont amenées à la réalité sociale.

Pour Simmel, ne sont considérés comme réalités que les contenus dont l'utilité a fait ses preuves à travers l'action (65).

Simmel conclut son Essai sur le “Rapport de la théorie de la sélection avec la théorie de la connaissance” en faisant allusion à Kant et sa méthode qui constitua la base de ses recherches et qu’il radicalise jusqu'à la dernière conséquence (66): Si Kant a résolu le dualisme entre la “Représentation et l'Etre” en considérant aussi l’être comme une représentation, il en découle ici un approfondissement de cette unification: Le dualisme entre le monde comme apparence qui existe pour nous d'une façon logique et théorique et le monde en tant que réalité et qui ne répondent à notre agir pratique que par les formes de pensée qui produisent le monde comme représentation. Ces deux mondes sont définis par les effets et contre-effets pratiques, lesquels forment aussi bien notre constitution spirituelle que physique selon des nécessités évolutionnistes. Nous concluons par la théorie kantienne selon laquelle la possibilité de connaissance produit en même temps les objets de connaissance. La théorie proposée ici signifie: l'utilité de la connaissance produit en même temps les objets de la connaissance.

A la fin de sa vie, Simmel est hésitant et il se prononce pour un pragmatisme originel en rejetant le pragmatisme américain individualiste et subjectif. Il revient à “la Forme” en tant que “principe du Monde en dehors de la Vie”. Cette forme constituera, comme nous l'avons vu, la condition de sa sociologie. Cette forme n'existe que par la “grâce de la vie même” “…Wo sie nur von Gnaden des Lebens selbst bestehen” (67).

Selon cette nouvelle orientation il n'y aurait que “la Vie qui serait en mesure de comprendre la vie”, toute autre position n'étant que mensonge. La question de savoir si la vie peut suffire à la vie, au mépris de toute connaissance, de toute obligation, bref, de toute forme. Si l'individu le croit, il finit par renoncer à son individualité pour se plonger dans la pure subjectivité. Le vécu immédiat ne récuse pas l'expérience, ni par conséquent les formes, sinon l'art devient impossible car il n'y a pas d'art sans forme “une œuvre d’art n'est-elle pas d’abord une forme?” (68).

De toute façon, l'existence est selon Simmel faite de “la lutte entre la vie et les formes”. Ce qui est cependant propre è l'époque moderne c'est de vouloir transformer cette “lutte” en une fuite devant les formes, en un conflit contre les formes et par conséquent contre la culture. De ce point de vue, le conflit est l'expression même du “combat” entre la vie et les formes; se réfugier dans la vie n'est pas une manière de résoudre ce conflit: “c'est un préjugé de croire que tous les conflits et problèmes n'existent que pour être résolus. Ils ont dans le cours de l'histoire de la vie encore d'autres tâches qu'ils remplissent indépendamment de leur solution ct pour cettc raison, ils nc sont jamais inutilcs, mêmc lorsquc l'avenir ne donne pas de solution au conflit par une conciliation mais substitue seulement d'autres formes et contenus aux précédents” (69).

Il est impossible de détruire “le pont” entre le passé et le futur. L'existence comme la culture poussent à “la création de nouvelles formes, mieux adaptées aux forces actuelles, étant donné que dans ces cas un problème est seulement supplanté par un autre, un conflit par un autre. C'est ainsi que s'accomplit le véritable dessein de la vie, qui est lutte au sens absolu du terme. Ce dessein embrasse l'opposition relative de la lutte et de la paix, tandis que la paix absolue, qui inclut peut-être elle aussi cette opposition, reste le mystère de Dieu” (70).

Il en ressort que la théorie simmelienne de la forme est une conception qui n’est pas uniquement propre à une science sociologique mais une catégorie universelle, condition de toute pensée et de toute activité.

Nous pouvons affirmer avec Lukács que Simmel, à travers tous ses essais et ses ouvrages monumentaux, représente un pluralisme méthodologique qui serait peut-être aujourd’hui à l’origine de son regain de succès: “Le pathos de son philosopher prenait source dans la confiance étonnée des possibilités combien multiples d’énonciation et d’objectivité philosophique: il existe trop peu de catégories de même qu’il existe trop peu de sexes’ dit-il une fois dans une conversation (71).

4- L'Argent comme paradigme du processus culturel

Le thème de l'argent n'intéresse pas Simmel uniquement pour sa signification dans le fonctionnement de l'économie moderne mais aussi parce que l'argent et l'économie sont considérés dans ses analyses comme des "cas particuliers" de la culture "Sonderfälle der Kultur". Ce problème est traité dans un ouvrage monumental auquel Simmel a donné le titre de "Philosophie de l'Argent" "Die Philosophie des Geldes"(72).

Simmel considère que l'analyse de l'argent" d'un point de vue économique est une réduction de la réalité à un aspect superficiel. Le souci de Simmel est de découvrir la diversité effective de la thématique afin d'arriver à une confrontation des différents aspects sociaux, culturels, politiques et religieux sans perdre de vue l'unité du phénomène de l'argent dont la source se situe dans la signification de la vie" "Die Ganzheit des Lebenssinns".

L'analyse simmelienne de l'argent dépasse donc le cadre économique pour aboutir à une compréhension du phénomène de la culture dont l'économie est une partie.

L'argent et sa dynamique symbolise le "drame de l'évaluation" dont nous faisons partie en tant qu'acteurs sur la scène culturelle. C'est pour cette raison que la sociologie de l'économie peut et doit être considérée comme une sociologie de la culture et que l'ouvrage simmelien intitulé "Philosophie de l'Argent" est aussi une "Sociologie de l'Argent" (73).

Les producteurs et les consommateurs exécutent des actions que l'on qualifie d'économiques. Cependant la manière d'agir, leur engagement intérieur, leur enthousiasme ou leur indifférence, leur distance intérieure ou leur don de soi ne sont pas de nature économique mais culturelle. Chaque individu appartient à une certaine culture dont il est imprégné et qu'il transmet à son tour. A chaque type de culture correspond un type d'action.

La manipulation de l'argent n'a de sens que dans la mesure où elle est une action pour la préservation des biens, droits et services à protéger; c'est selon cette évaluation que l'homme va agir économiquement; par là nous comprendrons pourquoi, l'économie et la culture sont étroitement dépendantes l'une de l'autre et pourquoi Simmel a entrepris l'analyse du phénomène de l'argent dans un contexte culturel.

• ***Réalité et Evaluation (Wirk1ichkeit und Wert)***

Pour Simmel, il existe deux domaines séparés qui font de "l'Argent" un bien culturel: le domaine de l'événement naturel en tant que "dynamique de la réalité corporelle" et le domaine des évaluations en tant que processus culturel.

Ces deux domaines enchevêtrés l'un dans l'autre symbolisent la relation de l'objet à la signification. Cette séparation du domaine de la réalité matérielle et celui de la valeur culturelle constitue le trait caractéristique de la méthode simmelienne. Ce qui est objectif peut être décrit sans le recours au jugement de valeur. C'est d'ailleurs la qualité d'un bon journaliste.

D'un autre côté, les valeurs peuvent être indépendantes de la réalité concrète, elles sont alors les résultats des processus culturels; "elles sont des jugements que les hommes portent sur les choses" (74).

Nous sommes donc en présence de deux séries de phénomènes indépendantes l'une de l'autre, celle de la Réalité et celle de l'Evaluation, celle de l'Objectivité des choses et celle de la Subjectivité des jugements et des opinions. Si les choses n'ont pas de valeur par elles-mêmes, elles en acquièrent une par l'évaluation positive ou négative des individus. La séparation des deux domaines de la réalité, le domaine des objets et le domaine des sujets est vraisemblablement possible en tant qu'expérience idéale, mais impensable en tant que donnée effective. Sans sujet, il n'y aurait personne qui pourrait vivre les choses réellement et sans objets, les sujets ne pourraient rien rencontrer de réel. Simmel distingue à vrai dire la réalité de l'évaluation en tant que résultat de processus différents; il trouve cependant des conditions concordantes à la base des deux domaines.

Notre vécu de la réalité repose sur des enchaînements de faits à travers des rapports préfabriqués. Nous ne pouvons évaluer le rapport qu'en comparaison aux autres expériences vécues. Mais l'homme a dû sentir, dès son origine, que la valeur existe.

Parlant de la valeur, Simmel dit "Mais le fait qu'elle existe est un très vieux phénomène" "Dass es ihn aber gibt, ist ein Urphänomen" (75).

Le terme "Urphänomen" rappelle l'appartenance de Simmel à l'évolutionnisme. Simmel transpose les idées de Darwin selon lesquelles les formes de vie décrites par la biologie sont le résultat d'une longue évolution - sur les contenus de la pensée humaine et la culture. Pour Simmel, il y avait une ancienne forme de la conscience caractérisée par l'existence à la base d'une unité entre une donnée objective et une valeur subjective et créative. Cette conception est une pensée de nature évolutionniste. Cette séparation, basée sur une unité, s'effectue à travers les différentes phases de socialisation, au cours de la vie de l'individu.

Au dualisme sujet / objet (fondamental pour sa conception), Simmel ajoute le dualisme réalité / valeur ou plus exactement selon ses propres termes chose / sujet: "Que l'on veuille parler des choses, par opposition au sujet d'une façon empirique ou transcendantale, la valeur qu'on leur attribue n'est pas une qualité en soi mais un jugement du sujet": "In welchem, man auch von "Dingen" im Unterschied von Subjekten sprechen möge, eine "Eigenschaft" ihrer ist der Wert in keinem Fall, sondern ein im Subjekt verbleibendes Urteil über Sie" (76).

La Dichotomie entre l'Etre et la Valeur, entre la Chose et le Sujet n'embarrasse pas Simmel pour qui le "Siège de la Réalité" se trouve dans les Relations" "Sitz der Realität sind für ihn die Relationen". C'est dans l'action réciproque entre les choses et le sujet que naît la valeur: "La séparation entre le Sujet et l'Objet n'est pas aussi radicale. C'est la science qui laisse croire à un portage des catégories entre le monde pratique et le monde scientifique" (77).

L'opposition Sujet/Objet est une construction de l'esprit dont les sujets ne sont pas conscients. Ils tiennent pour une qualité du monde des objets ce qui est, en fait, un acte de conscience. La séparation entre sujet et objet est pour Simmel une œuvre de l'esprit, une création de la conscience humaine “Eine Kreation des menschlichen Bewusstseins...”

Sans la formation d’objets dans la conscience, il n’est pas possible de faire des expériences, comme a dit Kant: “faire une expérience c’est transformer au niveau de la conscience les sensations en objets” (78). Autrement dit faire des expériences signifie la capacité de transformer les sensations en objets, la notion de valeur résultant ainsi des efforts du sujet à maintenir une distance entre lui et l’objet afin de le surmonter.

La valeur, le sens, la signification de l’objet pour le sujet dépend du but et de la distance qu’il se donne par rapport à lui afin de la “vaincre”. Seulement, lorsque la distance entre le sujet et l’objet devient douloureuse et difficile à “vaincre” “überwinden”, il se produit une “Expérience” dont le contenu est “la Valeur” (79).

De la même manière que les objets ne peuvent être perçus et vécus que parce que le sujet a la capacité de les former, les valeurs aussi ne peuvent être vécues (erlebt) que parce que le sujet a pris conscience de sa distance avec l’objet qu’il essaye de vaincre.

Simmel se base donc sur les faits concrets de l’expérience vécue pour démontrer qu’il existe une valeur objective à l’image de la réalité objective créée par un acte de conscience. Une telle définition de la valeur a des conséquences importantes pour l’interprétation sociologique de l’économie (80).

Nous arrivons là aux analyses de Simmel concernant l’aspect quantitatif de la valeur “Quantitativen Aspekt des Wertes”. En effet, Simmel applique sa théorie de la valeur “Werttheorie” à l’économie: “La distance entre le sujet et l’objet et dont la croissance fait surgir la valeur, du moins au sens économique, possède une limite inférieure et une limite supérieure; de cette façon la formule, selon laquelle la mesure de la valeur est égale à la mesure de 1a résistance de l’objet convoité pour sa nature, sa production et ses chances sociales, n’est pas juste” (81).

Simmel critique ainsi les théories de la valeur de nature mécanique comme par exemple mesurer la valeur selon la quantité de travail accompli, et se pose aussi la question, à savoir s’il existe indépendamment du sujet une valeur objective. L’étude de cette question fera partie de la “Théorie de l’évolution”.

L'histoire culturelle de l'humanité présente dans le sentir et le vécu du sujet, ce qui, dans les anciens temps, avait eu une signification que ce soit pour la procréation ou la sauvegarde de l'espèce, a peut-être perdu, au fil du temps, son utilité fonctionnelle. Il n'en est pas moins que ces intérêts gardent une grande valeur objective. Le but de Simmel est de démontrer que malgré l'importance du vécu subjectif, il y aurait aussi une réalité objective indépendante.

Simmel explique cette idée par une image de nature religieuse: Dieu a créé le monde à l'image de l'horloger qui met sa montre en marche mais l'abandonne à son tic-tac sans jamais la toucher. A travers cette métaphore, Simmel veut montrer comment, à partir de la théorie de la réalité, on arrive à une théorie explicative des processus de formation de la conscience (82).

Le sentir et le vécu des sujets est pour Simmel la source de référence de la réalité culturelle, à l'image de Dieu le créateur qui est à l'origine du monde.

Le sujet sentant a le pouvoir d'octroyer une valeur aux objets de l'économie pour les rendre plus profitables. “intensiver geniessbar” et lorsque les objets atteindront leur sens et le but final, il faut les ramener aux “sensations subjectives” “in das Fühlen der Subjekte”.

• *L'Echange “Der Tausch”*

Après ces réflexions sur la notion de valeur à partir de laquelle Simmel en a élaboré la théorie, tenant compte de la dimension psychologique du sujet, Simmel passe à l'analyse de la notion “d'Echange” dans un contexte sociologique puisque à la base il y a l'action réciproque entre les individus.

Au début du chapitre. Simmel pose la question de savoir comment il se forme un domaine autonome d'actions réciproques résultant des dons et acquisitions des biens.

La question qui se pose est de savoir comment “le royaume des valeurs” “Reich der Werte” peut acquérir un tel degré d'objectivité et comment son autonomisation peut aller si loin qu'il ne reste plus à l'individu que le choix de s'y soumettre ou de le refuser - au moins théoriquement d'en faire partie. La réponse de Simmel est évidemment d'inspiration évolutionniste (83). Il y a une mise en relation de l'objet et de la valeur dans un processus d'objectivation qui s'appelle échange en économie, une sphère nouvelle qui n'est plus celle du pur subjectif ni du pur objectif: "Dans l'échange, la valeur devient suprasubjective, supraindividuelle sans devenir cependant une qualité ou une réalité propres à la chose même" (84).

L'échange est donc une relation objectivante, qui ne touche pas à la substance de l'objet qu'elle valorise, et se situe à l'extérieur de l'individualité des deux êtres qui entrent ainsi en rapport: "la forme technique crée ainsi au sein de la circulation économique un royaume des valeurs qui est plus ou moins complètement délié de son infrastructure subjective et personnelle" (85).

L'objectivation de la valeur réside donc dans la transaction qui fait que pour obtenir un objet il faut en donner un autre. La valeur d'une chose est donc relative à la valeur des autres choses, ce qui implique qu'il ne peut y avoir de valeur que par comparaison des choses entre elles.

Cette objectivation conduit vers "une relation supra-individuelle entre les objets" "zu einem sachlichen überpersönlichen Verhältnis zwischen Gegenständen".

Les significations "immédiatement subjectives" "subjektiv unmittelbar" des objets sont entraînés dans la relation d'échange objectivée "objektivierte Tauschrelationen". Elles restent cachées comme le contenu d'une forme. Cette forme qu'est l' échange est pour Simmel un produit de la conscience, et dans lequel l'action créatrice reste invisible. Simmel ne considère pas l'échange comme un phénomène qui n'apparaît que dans l'économie, il s'agit pour lui d'une formation de la conscience qui se transforme en une réalité objective et qui constitue un phénomène fondamental à toute société. "L'échange est donc le fondement même de l'action réciproque "Wechselwirkung" (86).

Simmel décrit l'économie en tant que champ d'action produit par une forme d'imagination humaine. C'est d'ailleurs dans ce sens qu'il utilise les affirmations kantiennes concernant la théorie de la connaissance pour la compréhension des faits économiques. Echange spirituel et Echange d'objets est un seul et même processus: "Car lorsque le matérialisme déclare: l'Esprit est Matière, la philosophie transcendantale déclare alors: la Matière est aussi Esprit": "Denn wenn der Materialismus erklärt, der Geist ist Materie so lehrt die transzendentalphilosophie: auch die Materie ist Geist» (87)...

Helle affirme avec raison que: "Marx a renversé Hegel sur la tête, Simmel l'a remis sur pieds" "Marx hat Hegel auf den kopf gestellt Simmel stellt ihn wieder auf die Füsse".

• *La Monnaie "Das Geld"*

Simmel analyse le concept de "l'argent" d'une façon progressive et en plusieurs étapes: sa théorie de la connaissance sert à comprendre comment la réalité peut être vécue. Simmel en fit une théorie: "die Wahrheitslehre "théorie de la Vérité"", à laquelle succéda sa "théorie de la valeur" "Werttheorie". Cette dernière lui permit d'élaborer une théorie de l'Echange "Lehre vom Tausch" à partir de laquelle il développa enfin sa conception de la monnaie.

La monnaie exprime la relation des biens entre eux en leur servant d'étalon de mesure. Toutefois, elle n'est pas elle-même un objet au sens précis du terme et n'a de signification qu'en tant qu'objet d'échange: "La valeur que possède l'argent en tant que tel, il l'a doit à sa fonction d'objet d'échange; s'il n'y a rien à échanger, l'argent (ou la monnaie) n'a plus de valeur. Sa signification comme objet d'échange et de conservation dérive de sa fonction d'échange" (88).

Le principe social de la culture, selon lequel l'évaluation de l'objet provient de l'évaluation du sujet dans un contexte d'action réciproque, se réalise à travers l'argent: "C'est parce que l'homme transforme ses impressions sensitives en objets qu'il vit la réalité, c'est parce qu'il se situe par rapport à ces objets à une certaine distance, qu'il désire néanmoins vaincre, qu'il réalise la valeur des objets. C'est à travers l'échange de biens entre les personnes concernées et la comparaison qui en résulte, que l'homme prend conscience de la relation de valeur existante. Les relations se détachent ainsi des biens nés de la comparaison pour devenir un bien autonome: l'homme leur donne la forme de l'argent "(89).

L'argent est la forme la plus générale de la relation sociale. Là où la relation entre les hommes n'est pas sociale, là où elle n'entre pas dans un processus d'action réciproque et de rapports échangés où les hommes sont considérés comme des choses, l'argent perd toute sa signification: "L'argent, formation exclusivement sociologique perd tout son sens en se limitant à un individu et peut en subissant n'importe quel changement, changer les rapports des hommes entre eux. La vivacité et l'intensité du commerce humain toujours croissant est suivie d'une nostalgie des individus de gagner toujours plus d'argent" (90).

Cette affirmation est de nature sociologique. Simmel y revient constamment pour l'interprétation de sa théorie de l'Argent comme Paradigme des objets et des processus culturels à sa théorie de la connaissance, base de toute sa sociologie.

Si pour Simmel la valeur n'est pas une qualité de l'objet mais plutôt un jugement porté sur l'objet, alors l'argent est l'expression des relations entre les jugements. La conscience crée à travers l'argent une mesure évaluant le poids de tels jugements. C'est dans ce sens que l'argent est le paradigme de la culture et que c'est à travers l'argent que se rencontrent le monde des valeurs et celui des choses concrètes.

Simmel veut démontrer qu'il ne s'agit pas, concernant la signification de l'argent, de sa valeur substantielle (Platon), mais plutôt de son expression en tant que "forme d'une relation", "Form einer Beziehung" (91).

Ce qui est décisif et fondamental, ce n'est pas la "qualité physique" (corporelle) de l'argent mais son "effet" (Wirkung) en tant que formation issue d'actions réciproques de nature sociale et dans lesquelles les "relations de valeur" "Wertrelationen" trouvent leur expression.

C'est à la signification de l'argent dans la culture et la vie sociale qu'est consacrée la seconde partie de l'ouvrage que Simmel appelle "partie synthétique" "Synthetischer Teil".

Comme la philosophie globale de Simmel est une philosophie de la vie, il ne manque pas de replacer la signification de l'argent dans ce contexte: "Dès que la vie ne s'écoule plus au milieu de particularités sensibles mais se laisse déterminer par des abstractions, des moyens et des récapitulations, la mise en œuvre plus rapide et plus précise des processus d'abstraction constitue un important bond en avant, en particulier dans les relations entre les hommes" (92).

Ainsi la monnaie devient un phénomène déterminant de la culture. C'est en ce sens qu'il faut comprendre le développement historique de l'argent en ce qu'il substitue à la signification substantielle sa signification fonctionnelle: "La théorie de la connaissance a permis à Simmel d'interpréter le développement historique de l'argent: Platon a considéré le royaume des idées comme une réalité métaphysique; Simmel le considère comme une construction de l'esprit. C'est l'expression du progrès dans la philosophie. D'une façon analogue, les sociétés du passé n'ont perçu dans l'argent que sa valeur substantielle, Simmel lui prête une fonction sociale symbolique. C'est le progrès dans la théorie de l'argent" (93).

L'argent en tant que substance ne peut être que possédé, gardé ou donné; l'argent en tant que relation ne se réalise qu'à travers deux sujets qui y trouvent l'expression de leur rapport.

Tout d'abord, l'argent a permis, grâce à son caractère abstrait et impersonnel, une émancipation relative des hommes en provoquant une rupture du lien personnel qui caractérisait la subordination des êtres là où régnait l'échange portant sur des biens en nature. Ce fut par exemple le cas du paysan qui devient plus libre par rapport eu seigneur quand, au lieu de fournir une certaine quantité de blé, de volailles, de miel ou de légumes, il lui devint possible de s'acquitter de ces obligations en numéraire. Le statut de la propriété s'est modifié grâce à la substitution du paiement en argent au paiement en nature.

Simmel pousse encore plus loin son raisonnement: il pense même que le rupture du lien personnel a permis de détourner la lutte sourde entre les hommes vers le lutte contre la nature, qui fut l'une des conditions du développement spectaculaire de la technique dans les temps modernes: "L'échange qui apparaît comme allant de soi a été le moyen premier, et, dans sa simplicité miraculeuse, car il a instauré la justice dans le changement de propriété, du fait que celui qui reçoit donne en même temps quelque chose en contrepartie et c'est ainsi qu'a disparu l'unilatéralité du bénéfice" (94).

La monnaie offre aussi "la possibilité technique d'une comparaison exacte des valeurs échangées".

L'échange à base monétaire rend les individus plus libres, en les rendant plus indépendants qu'à l'époque des relations personnelles: "Si le liberté est l'indépendance par rapport à la volonté d'autrui, elle commence par l'indépendance vis-à-vis de la volonté des personnes déterminées. C'est l'habitant des grandes villes modernes qui est indépendant au sens positif du terme car, s'il a certes besoin d'innombrables fournisseurs, travailleurs et collaborateurs, sans lesquels il serait impuissant, du fait cependant qu'il n'entre en relation avec eux que sur la base objective de la monnaie, il ne dépend d'aucun d'eux d'une façon déterminée mais sur la base objective des services évalués en argent" (95). Plus les rapports cessent d'être personnels, plus aussi le liberté individuelle a des chances de pouvoir s'affirmer. Toute possession dépend dans une certaine mesure de la nature de l'objet possédé mais l'argent constitue la possession où cette dépendance est la moindre, du fait que en tant que symbole, il n'a aucun contenu intrinsèque et qu'il représente indifféremment tout ce qu'on veut lui faire représenter. Il n'a pour ainsi dire pas de nature, Il est de convention.

Etant donné que l'usage qu'on peut faire de l'argent est indéterminé, il signifie donc la possibilité d'acquérir un nombre indéterminé d'autres objets et c'est à partir de là qu'il faut comprendre les nouveautés qu'a rendues possibles l'économie monétaire.

• *Les bienfaits de l'argent*

L'argent a contribué à l'émancipation des ouvriers, au développement de l'administration moderne, à la formation des couches intellectuelles et surtout à la constitution de l'état moderne, par la perception régulière de l'impôt.

Il a été en fin de compte une des conditions de la différenciation toujours croissante des formes d'existences: "On peut considérer l'action de l'argent comme une atomisation des personnes particulières, comme un processus d'individualisation croissante" (96).

En fin de compte, l'argent a été l'un des promoteurs de l'individualisme moderne, de sorte que l'on peut établir une corrélation entre l'économie financière, l'individualisation et la possibilité de multiplier le cercle des relations sociales, précisément parce qu'il a permis à l'individu de se délier des liens personnels qui rendaient l'un étroitement dépendant de l'autre.

L'argent a conditionné, au moins indirectement, l'apparition de la notion de dignité humaine, celle-ci n'ayant justement pas de prix. Dans la mesure où l'on a réduit toujours les choses à l'argent, il est resté des réalités irréductibles au monnayage, qui de ce fait ont acquis une valeur irremplaçable.

L'homme vaut comme homme et non par rapport à une quantité intermédiaire qui permettrait d'évaluer sa valeur. C'est l'avilir que de le mesurer d'après autre chose que lui-même, comme cela est arrivé à l'époque de l'esclavage.

Simmel pense que ce n'est pas sans raison que l'idée des droits de l'homme est née à l'époque où s'est développée l'économie fondée sur l'argent. Cependant, ces bienfaits de l'argent sont contrebalancés par des dégradations de certains aspects de la vie. S'il rehausse certaines formes de l'existence, il en dégrade d'autres. Simmel explique dans de longues pages le problème de la prostitution infectée par le règne de l'argent, il aborde aussi le mariage d'argent qui pervertit la relation entre un homme et une femme qui devrait être fondée sur l'amour; la corruption aussi prend de nouvelles formes; l'escroquerie, la ruse, le nivellement fondé sur l'argent, tout ceci conduit vers l'installation d'une certaine médiocrité dans la société.

La question même de la liberté se trouve posée ici sous un autre angle. Il est vrai que l'argent libère, mais il libère pour quelque chose d'autre" (97).

Simmel achève son ouvrage par des considérations psychologiques. A son avis, l'argent favorise la faculté de l'entendement et l'intellect au détriment du sentiment et de la sensibilité, à cause justement des rapports impersonnels qu'il introduit dans les relations sociales eu détriment des relations directes et personnelles.

L'argent cultive la superficialité, l'absence de caractère "Charakterlosigkeit" et prive les relations entre les hommes de chaleur, fierté, en les rendant égoïstes. "Ce que l'on donne contre de l'argent va à celui qui offre le plus, peu importe ce qu'on donne et à qui; par contre, là où d'autres équivalents entrent en jeu, là où l'on considère l'honneur, les bons offices ou la reconnaissance, On prend en compte la qualité de la personne à laquelle on donne" (98).

Pour Simmel, l'argent possède les caractères des "formes comme conception du Monde" qui sont à l'origine du tragique culturel. Il le compare au droit et à l'intellectualité: "Tous les trois: le droit, l'intellectualité et l'argent se caractérisent par l'indifférence à l'originalité individuelle; tous les trois extraient de la totalité concrète de la vie un facteur général et abstrait qui se développe selon ses normes propres et autonomes et qui empiète sur la base de ces normes sur la totalité des intérêts de l'existence et les détermine en conséquence" (99).

Ce que Simmel met en cause c'est le rationalisme calculateur qui étouffe les formes impulsives de la vie. Ainsi en est-il de la démocratie qui réduit tout à la quantité: "le principe suivant lequel la minorité n'a qu'à s'incliner veut dire que la valeur absolue ou quantitative des voix est réduite à une unité significative purement quantitative. Le nivellement démocratique pour lequel chacun vaut "pour un" et rien "qu'un" est le corrélât ou la présupposition de ce processus calculateur, dans lequel le nombre d'unités exprime la réalité interne des groupes et régit leur réalité externe. Cette essence mesurante, soupesante et exactement calculante de l'époque contemporaine constitue la pure forme de son intellectualisme" (100).

En tant que sociologue de la culture, "Kultursoziologe", Simmel analyse les effets de l'argent sur la culture moderne dominée, selon lui, par la division du travail au sens où un individu ne participe que d'une façon fragmentaire à la culture totale. Personne ne peut exprimer les richesses infinies de la culture moderne et seul un nombre limité d'individus peuvent subjectiver quelques éléments de l'ensemble culturel. Là Simmel aborde le problème de la spécialisation, des échanges culturels qui ne portent jamais sur la totalité de la culture. Le dernier aspect de l'argent cité par Simmel est l'effet de l'argent sur le rythme général de la vie: "la vitesse qui est propre à la circulation de l'argent face à tous les autres objets ne peut qu'accroître le rythme général de la vie et cela dans la mesure même où l'argent devient le centre général d'intérêt. La rondeur des monnaies qui exprime le fait qu'elles "doivent rouler" symbolise le rythme du mouvement que l'argent communique à la circulation" (101).

Simmel met donc l'accent sur la mobilité de l'argent qui exprime la mobilité absolue du monde. Il conclut son livre en soulignant la signification profonde et générale de l'argent dans les relations humaines: "Pour caractériser la mobilité absolue du monde, il n'y a pas de symbole plus net que l'argent. La signification de l'argent réside dans le fait qu'on doit s'en dessaisir; dès qu'il repose il n'est plus de l'argent, suivant sa valeur et sa signification spécifique. L'action qu'il exerce selon les circonstances en état de repos consiste dans l'anticipation du mouvement à venir. Il n'est pas l'agent d'un mouvement dans lequel tout ce qui n'est pas mouvement s'éteindrait entièrement, il vit en constante aliénation en dehors de tout point donné et il constitue le pôle opposé et la négation directe du tout pour soi" (102).

Cependant l'argent n'est pas seulement le symbole de la mobilité mais aussi de la stabilité qui est son contraire: "s'il est, comme fait isolé, palpable, la chose la plus fugace de la vie pratique extérieure, il est par son contenu la chose la plus stable".

Ainsi "l'Argent est le symbole de la relativité des contraires" (103), thème central et fondamental de la pensée simmelienne.

Simmel termine par là où il avait commencé: "l'image du monde se réduit à un jeu de liaisons et de séparations, de continuités et de discontinuités, de mobilité et de stabilité" (104).

Pour Lukács, toute la sociologie de Simmel "en premier chef sa philosophie de l'argent vient de ce qu'il pousse et affine l'analyse des conditionnalités jusqu'à un point où personne n'avait réussi à parvenir avant lui, tout en faisant apparaître avec une netteté inimitable, le renversement de ses relativités, leur auto-limitation, leur arrêt devant l'inconditionnable" (105).

Ce n'est donc pas seulement le monde qu'on peut considérer sous cet aspect mais n'importe quelle réalité humaine. Par conséquent, nous pouvons comprendre non seulement sa conception de l'argent mais aussi celle de l'histoire sous cet angle.

La citation tirée de ses "Beiträge zur Philosophie der Geschichte" est la preuve que Simmel est resté fidèle à son idée générale: "Savoir qu'il faut mettre l'accent sur la continuité ou la discontinuité, c'est la question de libre choix et d'opportunité: on peut avec le même droit envisager l'histoire selon les relations ou selon la particularité de ses manifestations. Pour qui importe le contenu culturel, le développement historique lui apparaîtra plutôt comme contenu, tandis que celui qui porte son attention sur les porteurs de cette culture adoptera la position contraire, du fait que l'individualité donne une image plus fortement circonscrite et moins dissoluble en ses composants" (106).

5- Conception simmelienne de l'Histoire

Dans son ouvrage intitulé "Die Probleme der Geschichtsphilosophie" (107), Simmel expose sa conception de la réalité et de la science historique. Les questions principales que se pose Simmel sont les suivantes: l'esprit donne-t-il forme à une matière ou transforme-t-il un certain monde? Informe-t-il ou déforme-t-il? La réponse est: l'un et l'autre selon des moments. La science est donc comparée au réel.

Comme nous l'avons déjà vu plus haut dans "La philosophie de l'Argent", le réel absolu n'existe pas. Il est une certaine prise de conscience qui implique des catégories déterminées. Il serait donc impossible de déterminer les causes d'un événement dans le passé sans dépasser le plan des phénomènes ce qui conduit à une incertitude des résultats. Selon Aron, les trois chapitres de l'ouvrage de Simmel répondent aux trois interrogations suivantes:

1- Comment comprenons-nous les pensées et les actions des autres?

2- Comment établissons-nous les lois ou plutôt pourquoi sommes-nous incapables de parvenir jusqu'aux éléments et aux forces réelles de l'histoire?

3- Comment prêtons-nous à la suite des événements un sens, un but ou une valeur après avoir supposé, derrière les mouvements, des états de conscience, derrière les expressions, des sentiments?

A ces questions, Simmel essaie de répondre d'une façon à la fois objective et subjective et en refusant toujours de faire un choix.

- D'abord le fait historique est psychologique, "c'est l'esprit qui parle à l'esprit". L'intérêt supra-théorique qui anime l'historien est double: il porte sur la qualité des événements, ensuite sur leur réalité. Le choix s'impose donc, un choix nécessairement subjectif et ainsi se combinent dans la détermination de l'objet, les principes subjectifs et objectifs (comme le principe de l'évaluation pour l'argent). Après ce choix, Il s'agit pour l'historien de comprendre les événements en les replaçant dans l'évolution humaine et là intervient la psychologie qui joue un rôle importent pour les déductions.

Cependant, l'histoire et la psychologie ne se superposent pas, elles se complètent: l'historien explique le sens de l'acte, le psychologue explique le mécanisme du contenu historique de l'acte. Puisque la signification est immanente au contenu historique, la sélection est inévitablement orientée par notre curiosité personnelle. L'histoire devient ainsi le récit accentué par des réactions affectives sans que l'on puisse distinguer entre le récit brut et le récit transformé par les sentiments de l'historien.

“L'objet de l'histoire reste donc l'aventure de l'humanité: intérêts pour les contenus et intérêts pour la réalité. Localisation et compréhension ne sont que deux formules différentes d'une même idée, qui lie indissociablement les caractères du réel à l'intention de l'esprit” (108).

• ***La compréhension***

Pour Simmel, le problème unique de la logique de l'histoire reste la compréhension. Connaître un acte historique est le comprendre. Ce qui retient avant tout l'attention de Simmel c'est la compréhension de l'Autre, compréhension d'une individualité. Les idées qui dominent ses analyses sont alors: l'unité est construite, toute compréhension implique un cercle. Le groupe est l'unité imaginée d'une multiplicité de phénomènes. Cette unité n'existe entièrement que dans et par l'historien. Le résultat des questions que se pose l'historien à propos d'une individualité historique est forcément le résultat d'une élaboration intellectuelle. La condition pour que les réponses soient les plus proches possible de la réalité c'est d'arriver à une identité entre sujet et objet car “celui qui n'a jamais aimé ne comprendra pas l'amoureux, le colérique ne comprendra pas le flegmatique, pas plus que le héros ne comprendra le lâche” (109).

Aron déduit donc que si “comprendre, c'est vivre ou revivre, nous ne comprenons que nous-mêmes”. Pour Dilthey, la conclusion est d'élargir le “moi aux limites mêmes de l'humanité” (110).

Simmel se trouve ainsi prisonnier des problèmes qu'il a construits lui-même. Et à la compréhension est substituée "la participation psychique" Simmel se trouve ainsi "dans l'obligation de concevoir la saisie des significations tantôt par l'unité essentielle dans le sujet et dans l'objet, tantôt la réalité causale des processus psychiques, tantôt l'unité fonctionnelle ou transcendantale des individus" (111).

• *L'univers de la science historique*

L'histoire est pour Simmel partielle en ce sens qu'elle observe la réalité d'un certain point de vue, sous un certain angle. L'histoire part des contenus, elle a le choix entre deux directions: ou bien elle reconstitue l'existence de ceux qui ont vécu les contenus, ou bien elle se borne à reconstituer le devenir des contenus eux-mêmes, histoire des philosophes ou histoire des idées philosophiques. L'expérience historique est l'organisation des contenus, eux-mêmes expression de la vie. Elle est l'expression d'un tissu de relations intelligibles qui ont eu lieu au passé et Simmel de conclure que l'esprit est au service de ce qui n'est plus. Cependant les faits passés sont sélectionnés par les conséquences par rapport au présent.

• *Lois historiques*

Existe-t-il des lois en histoire?

Simmel est tenté de croire à l'existence d'une loi causale qui hélas n'est connaissable que par la répétition. Cependant l'idée que les individus constituent des univers fermés est tellement enracinée dans la représentation du monde de Simmel que l'effort de trouver des lois historiques valables pour toute l'humanité s'avère impossible. On serait donc dans ce cas tenté de trouver des lois psychologiques qui seraient à l'origine des lois historiques, mais Simmel se l'interdit car nous n'avons pas le droit de considérer comme absolue l'unité de l'âme individuelle. De plus, la création individuelle exprime, (plus ou moins) en tout cas, autre chose que ce que le créateur consciemment a voulu y mettre.

L'homme ne se définit pas exactement par ses œuvres. On dira donc que toute compréhension objective est aussi psychologique puisque l'enchaînement des propositions implique un sujet au moins fictif capable de la penser, puisqu'elle est saisie d'un mouvement et que tout mouvement vient de la vie. On dira aussi que toute compréhension psychologique est aussi objective puisqu'elle passe par des contenus. Ainsi restent possibles deux interprétations divergentes: histoire des idées ou histoire des hommes; comprendre l'œuvre de Kant en elle-même ou la comprendre selon la biographie de Kant?

Simmel conclut que ni l'histoire humaine totale, ni l'histoire de l'art ou de la politique, ni l'histoire d'une personne ne s'expliquent par elles-mêmes. Et pourtant nous les comprenons en elles-mêmes. Il y aurait donc antinomie entre la compréhension d'une part et la structure du réel de l'autre.

Pour sa réponse, Simmel n'a jamais eu recours à ces critères que nous avons analysés tel le pragmatisme ou le critère kantien, l'adaptation à la vie, l'utilité pour l'action et l'universalité des formes. Les critères qu'il utilise sont plutôt de la même nature que l'a priori du 1er degré, c'est-à-dire les fonctions psychologiques. Ces critères ne peuvent cependant justifier l'objectivité des faits du passé. La seule conclusion possible est la comparaison avec l'art. La reconstitution du passé est intermédiaire entre la science et l'art; ils sont renvoyés définitivement à la solution esthétique “Le recours à l'art témoigne de l'impossibilité de donner place dans une certaine philosophie critique, à une connaissance comme celle du passé qui n'est pas conforme au modèle de la science naturelle” (112). Il faut aussi se rappeler de l'impuissance de l'histoire à rejoindre son objet lequel n'est pas séparable de la destinée même de la vie. La science du passé est une démarche de la vie comme l'objet même de cette science.

La science historique est une œuvre de la vie comme les autres sciences. Elle a seulement l'originalité d'être la plus proche du mystère métaphysique, puisqu'elle tend en même temps (sans y parvenir) à ressaisir l'esprit et à retrouver la vie.

La solution est celle de la loi individuelle que Simmel explique dans “Lebensanschauung”: chacun à pour devoir de se réaliser lui-même mais si la vie individuelle ne se définit pas dans l'histoire, ni par rapport à la vérité universelle, pouvons-nous encore choisir consciemment notre destin? Aron se demande si on verra dans cette incertitude, l'illustration de la crise de l'homme moderne dont Simmel a fait lui-même la théorie? Ou bien on se refuse à y voir un échec: “tel serait bien la condition des hommes et ce serait préjuger que de regretter l'absence de synthèse” (113). La tragédie est donc fatale. Aron conclut son chapitre sur la philosophie de l'histoire de Simmel en ces termes: “Enfin comme Dilthey, comme Bergson, comme Nietzsche et comme Schopenhauer, Simmel donne à la philosophie de l'histoire une orientation irrationaliste: le principe du mouvement, la substance métaphysique, le porteur de l'histoire ce n'est ni l'esprit ni l'homme mais la vie, une vie en deçà de l'opposition de l'être et de la conscience, des sentiments et de la raison. Et l'homme lui-même ne se rejoint ni dans la réflexion comme chez Dilthey, ni dans le dépassement comme chez Nietzsche. Il n'a contre le tragique de sa situation que deux recours: la contemplation ou la volonté de se réaliser lui-même. Et encore s'il choisit une vie personnelle, il voue son œuvre à la mort” (114).

En conclusion la science historique pour Simmel ne sera pas une résurrection du passé, car toutes les œuvres de la vie sont absurdes, mais l'effort vain pour donner un sens à ce qui n'en a pas.

6- Simmel et la critique sociologique

Il est incontestable que l'originalité de Simmel réside en sa théorie des Formes. Le souci de recourir à un "cadrage" spécifique pour faire ressortir la variété des phénomènes sociétaux n'est pas étranger à d'autres philosophes et sociologues. Pour Maffesoli (115), la théorie des formes correspond chez:

- LEIBNIZ: aux "Substances simples"
- KANT: aux "Catégories de l'entendement
- DURKHEIM: aux "Caractères essentiels"
-WEBER: à ''l'Idéal-Type"
- PARETO: aux "Résidus"
- SCHUTZ: à la "Typicalité"'

Le principal grief retenu contre Simmel concerne le concept de la forme qui est, comme nous l'avons déjà indiqué, le noyau central de sa sociologie et de sa philosophie.

Dans ses ouvrages sur la sociologie simmelienne (116), le sociologue américain D. Levine expose les critiques que Simmel a suscitées chez ses contemporains.

Léopold Von Wiese (117) qui était pourtant un de ses anciens admirateurs, reproche à Simmel d'avoir formulé aussi clairement une théorie de la société.

Sorokin (118) remet en question la signification du concept de la forme appliqué aux phénomènes sociaux.

Duncan (119) reproche à Simmel la confusion irritante de "ses formes sociales difficilement compréhensibles".

Le sociologue français Emile Durkheim dévalorise la théorie simmelienne de la forme: "Nous proposons de nommer morphologie sociale la science dont l'objet de recherche sont les formes matérielles de la société. L'appellation "Forme" que Simmel emploie seulement dans un sens métaphorique trouve ici sa véritable signification. Selon cette conception, toute apparence morphologique se compose de faits matériels qui prennent une forme définitive" (120).

Durkheim prit ses distances à l'égard de Simmel auquel il reprochait son orientation psychologiste ainsi que sa tournure philosophique. Il met en cause la théorie de l'abstraction et la théorie des formes de Simmel ainsi que "ses connaissances sommaires, acquises d'une façon hâtive et qui ne sont soumises à aucun contrôle". Durkheim attaque aussi Simmel dans un compte-rendu de la "philosophie de l'Argent" en reprochant à l'auteur d'avoir élaboré une théorie "très peu satisfaisante" et d'avoir posé le problème de l'argent "dans un tel état d'ambiguïté que toute précision était impossible" (121). Durkheim reproche à Simmel non seulement sa "subjectivité excessive" et son manque de précision mais surtout il lui reproche la façon avec laquelle il essaye de définir le domaine scientifique qu'est la sociologie en séparant les formes et les contenus dans la vie sociale (122). A la place de cette séparation, Durkheim proposa la séparation entre forme et fonction, qui trouve résonance dans la morphologie et la physiologie sociales.

Gurvitch a également reproché à Simmel sa théorie de la forme qui désigne sous le même terme tantôt la densité et la dimension, tantôt des espèces de groupements et tantôt des modes de liaison sociale: "Qu'elle étrange idée, que d'imaginer le groupe comme une sorte de forme vide, de moule quelconque qui pourrait recevoir indifféremment n'importe quelle espèce de matière". Pour Gurvitch, l'immense tort de Simmel est "d'avoir voulu exclure de l'étude sociologique toutes les œuvres de civilisation et toutes les activités concrètes des groupes et des sociétés". Gurvitch explique la conception simmelienne par le fait que Simmel "est nominaliste et individualiste, il n'a aucun sentiment de l'irréductibilité des groupes et des sociétés aux rapports interpersonnels, pas plus que la constitution des structures" (123).

Gurvitch accuse Simmel de détruire, par son idéalisme, la réalité sociale qu'il interprète de trois manières différentes ''tantôt dans le sens géométrique, tantôt dans le sens kantien, tantôt dans le sens aristotélicien".

Le sociologue contemporain Maffesoli (124) réhabilitant Simmel, propose une nouvelle traduction de la notion de “formel”. Simmel utilise la notion de “formal” et non de “formel”. La première signifie en allemand ce qui concerne la forme, la seconde désignant ce qui proprement formel, c’est-à-dire ce qui respecte les formes. La langue française ne connaît pas cette distinction du fait qu’elle ne comporte que l’objectif formel.

Ce que Simmel veut dire et qui se trouve bien expliqué par Julien Freund dans son introduction dans “Sociologie et épistémologie”, c’est que la sociologie est une science qui concerne des formes, qui porte sur des formes et “non pas une science formelle qui formaliserait son objet” (125).

Maffesoli évite l’équivoque en proposent de traduire “formal” par “formiste”. Maffesoli ajoute cependant que la position de Simmel est claire: “La sociologie étudie les formes de la vie sociale en tant que des contenants opposés à leurs contenus” (126). Ainsi Maffesoli décide de réhabiliter la sociologie simmelienne en se détachant de certains sociologues: “C’est un objectif bien audacieux ou quelque peu inactuel quand on sait l’appétence de nos contemporains pour les prêts à penser et le conformisme intellectuel. Mais après tout il est temps de reconnaître que la sociologie peut être aventureuse” (127).

D. Levine s’unit à la conception de Maffesoli en affirmant qu’on peut considérer le “formisme” simmelien comme “paradigme” pour l’acquisition de la pluralité des choses (128).

A travers ce pluralisme, les penseurs d’avis multiples peuvent ainsi trouver des points importants sur lesquels ils peuvent se mettre d’accord ou pas et qui les inciteraient à persévérer dans la voie qu’ils ont choisie sans être obligés de renoncer à leurs idées.

Pour Levine, la conception simmelienne de la forme est la plus proche des phénomènes humains.

Le philosophe Vladimir Jankélévitch a essayé après la mort de Simmel de faire revivre sa pensée dans “la revue de métaphysique et de morale” en 1925: “Tous ces reproches, qu’ils visent chez Georg Simmel, la théorie de la connaissance, la métaphysique de l’amour sexuel ou la philosophie de la religion, ont pour origine la même incompréhension profonde du principe de relativité. Ils témoignent également qu'on a su en général bien peu de gré à Simmel des scrupules rationalistes qu'il a éprouvés en construisant sa philosophie de la vie. Georg Simmel n'a jamais cessé de combattre "le psychologisme" et le "sociologisme" comme il a combattu toutes les formes de l'impressionnisme esthétique ou du subjectivisme religieux" (129).

Raymond Aron prit plus tard le relais avec plus de succès dans les deux études qu'il a consacrées à Simmel dans les ouvrages bien connus sur la sociologie contemporaine en Allemagne et sur les théories de l'histoire en Allemagne. Pour Julien Freund, c'est grâce à ces deux textes qu'on connaît aujourd'hui en France la pensée de Simmel (130).

Georges Lukács fut aussi un admirateur et un disciple de Georg Simmel. Dans un texte publié dans le "livre du remerciement à G. Simmel", il loua les mérites incontestables de ce grand philosophe: "Simmel est le plus grand philosophe de transition de notre temps pour résumer d'une phrase et sa grandeur et ses limites" (131).

Lukács ajoute que: Le "subjectivisme" et la "théorie des formes" permettent "la saisie fulgurante, le rendu à la fois frappant et prégnant des faits philosophiques encore indécelés", et intensifient "la faculté de voir le phénomène le plus intime, le plus anodin de la vie quotidienne, devenir si translucide laissant apparaître, au-delà de cette transparence, l'éternel enchaînement des formes dont est solidaire le sens philosophique" (132). Lukács tente aussi de répondra à l'éternelle question qui a préoccupé tous ceux qui se sont intéressés à cet "esprit éblouissant" à savoir pourquoi n'est-il pas arrivé à "se hisser à la hauteur d'un philosophe réellement grand qui fasse vraiment époque?" Lukács met en cause l'excès de sensibilité chez Simmel et surtout le manque de centre: "nommons-là une sensibilité qui ne connaît ni frein ni borne en soulignant l'aspect positif de la chose et si on veut exactement indiquer les limites de son être qui se révèle alors, c'est d'un manque de centre qu'il faut parler" (133).

Pour le sociologue Julien Freund, Simmel fut le "précurseur d'une thématique sociologique qu'un grand nombre pratique de nos jours. De toute façon, il a été l'un des premiers théoriciens de la psychologie sociale.

Elle nous est venue d'Amérique par le truchement de Simmel" (134).

La gloire posthume de Simmel serait due au fait qu'il a été "américanisé", c'est-à-dire que les Américains se seraient emparés de ses écrits pour les "magnifier" car son destin en Europe aurait été illimité. En effet, G. Simmel est aux Etats Unis, un des sociologues les plus connus et les plus commentés. Il y fut introduit par l'Ecole de Chicago en 1921 par le truchement de R.E. Park et V.E. Burgess. Depuis cette date, les traductions se sont multipliées et il a fait l'objet de plusieurs études comme celle de Spykman, de Heberle, de lewis Coser, de K. Wolf, de Caplow en même temps qu'il a inspiré des auteurs plus connus comme Parsons, Merton ou Mills.

Cependant, Simmel avait connu un grand succès de son vivant "Le succès de Simmel fut comparable à celui de Bergson au Collège de France à la même époque" (135), mais n'étant pas professeur en titre à l'université de Berlin, il a suscité une jalousie qui a nui à sa carrière universitaire. Ce n'est que quatre ans avant sa mort en 1914, qu'il obtint une chaire à l'université de Strasbourg.

Conclusion

Telle est cette pensée, brisant les murs de l'institution et des idéologies, pour décrire une réalité sociale avec toutes ses contradictions et toute son ambiguïté. Simmel n'offre pas de solution car il n'y a rien de définitif dans cette vie en perpétuel mouvement.

"Le dépassement de soi préconisé par Nietzsche n'est pas de nature à satisfaire Simmel: "cela même est une contradiction au point de vue logique: qui se surmonte soi-même est assurément le vainqueur mais aussi le vaincu. Eh bien, le moi succombe, dans l'instant qu'il triomphe et triomphe dans l'instant où il succombe" "Wer sich selbst überwindet ist zwar der Überwinder aber doch auch der Überwundene. Das lch unterliegt doch selbst, indem es siegt; siegt indem es unterliegt" (1).

Pour Simmel, Il n'y a jamais de: triomphe (Sieg), jamais de repos, il n'existe que la foi dans la vie "'tiefes Zutrauen zum leben".

La vie, c'est ce réseau de relations sociales prenant l'aspect d'un labyrinthe qu'il s'agit de déchiffrer et de "désembrouiller" sans le recours ou système qui risque de le figer dans son immobilité et sa fluidité qui sont ses qualités premières.

La sociologie simmelienne se veut une prospection, une exploration, une découverte, un plaisir de dévoiler les phénomènes singuliers dans leurs enchaînements.

Simmel ne prétendait pas fonder une école ni former des disciples. Il était conscient du caractère non systématique de ses recherches, c'est ce qu'il avoue dans sa conclusion sur la sociologie des sens: "Et interrompant mes recherches, je suis conscient de leur caractère fragmentaire; peut-être ont-elles cependant, par un côté du moins, facilité l'accès de la couche profonde où la connaissance doit aller puiser pour trouver les conditions des associations concrètes et profondes parmi les hommes. Les fils délicats et invisibles qui se tissent d'homme à homme ne sont plus considérés comme indignes de l'observation, du moment où l'on essaiera de comprendre le tissu de la société en analysant ses forces créatrices, et que l'on ne se bornera plus comme les sociologues l'ont fait jusqu'à présent, en général, à décrire le modèle du tissu tel qu'il a fini par apparaître sur la couche supérieure" (2).

Dans son journal posthume, Simmel compare son œuvre à de l'argent dont chacun peut s'approprier une partie qui lui servira pour ses propres recherches. Son œuvre est en effet une mine de richesses pour l'exploration de la société et de la culture: qu'on pense donc aujourd'hui à la place qu'il occupe dans la philosophie de l'histoire, la sociologie de la religion, la sociologie formiste, la théorie des groupes ou de l'urbanisation, la théorie moderne du conflit, le rôle de la subjectivité dans les rapports sociaux… Sa "Weltanschauung" est de nouveau parmi nous qui proclamons le retour au subjectif, à la décision de l'homme intervenant dans l'histoire considérée jusqu'à présent comme le produit de structures extrahumaines.

L'intérêt que l'on porte aujourd'hui à Simmel est celui que l'on porte à la subjectivité et sa légitimité dans les sciences. Les esprits épris de systèmes trouveraient peut-être ainsi matières à leurs recherches. Nous retrouvons chez Simmel les germes de la Postmodernité qui préconise l'improbable, l'incertain, la remise en question des valeurs jusque-là immuables.

Bref, l'existentialisme d'un Sartre ou l'irrationalisme d'un mai 1968?

Mais Simmel ne préconise cependant pas le nihilisme, il faut vivre en se débattant dans une douloureuse lutte contre ce qui est notre propre négation et où on se retrouve pourtant. Comme Pascal ou camus, Simmel est pour ceux qui "cherchent en gémissant".

Notes

Introduction

1- Jankélévitch, Vladimir, introduction parue dans la Tragédie de la Culture et autres essais de Georg Simmel. Editions Rivages Paris/Marseille 1988, p 87.

2- Freund, Julien, introduction parue dans Sociologie et épistémologie, Georg Simmel. Presse Universitaire de France Paris 1981, p 10.

Première partie: LE CONTEXTE HISTORIQUE DE LA NAISSANCE DE LA PENSÉE SIMMELIENNE

1- Comte, Auguste, Plan der wissenschaftlichen Arbeit, die für die Reform der Gesellschaft notwendig sind (1822) München, paru dans Dahme, H.j,.Der Verlust des Fortschrittsglaubens und die Verwissenschaftlichung der Soziologie; dans Simmel und die frühen Soziologen, H.g.Otthein Rammstedt, Suhrkamp, Frankfurt 1981, p 224-225.

2- Spencer, Herbert, Progress. Its Law and Cause (1857) London, paru dans Op. cit., p 22-4-225.

3- Hartmann, Edouard von, Symptome des Verfalls im Künstler- und Gelehrtentum (1872), paru dans Simmel und die frühen Soziologen Op. cit., p 230.

4- Windelband, Wilhelm, Pessimismus und W1ssenschaft (1924), paru dans Simmel und die frühen Soziologen Op. ctt., p 230.

5- Windelband, Wilhelm, idem, p 231.

6- Dahme, H.j., Der Verlust des Fortschrittsglaubens und die Verwissenschaftlichung der Soziologie, paru dans Simmel und die frühen Soziologen Op. cit., p 250.

7- Dahme, H.j., Op. cit., p 253.

8- Dahme, H.j., Op. cit., p 254

9- Dahme, H.j., Op. cit., p 255

10- Weber, Max, Der Nationalstaat und die Volkswirtschaftpolitik, paru dans Dahme H.j. Op. cit., p 255.

11- Tönnies, Ferdinand, Gemeinschaft und Gesellschaft. Grundbegriffe der reinen Soziologie. Darmstadt, paru dans Dahme H.J., Op. cit., p 258.

12- Weber, Max, Der Nationalstaat und die Volkswirtschaftspolitik. Paru dans Dahme H.j., Der Verlust des Fortschrittsglaubens und die Verwissenschaftlichung der Soziologie; in Simmel und die frühen Soziologen, H.g. Otthein Rammstedt, Suhrkamp Frankfurt 1981, p 244.

13- *Weber, Max, Der Sinn der "Wertfreiheit" der soziologischen und ökonomischen Wissenschaften. Paru dans Dahme H.j., Op. cit., p 246.*

14- *Weber, Max, Op. cit., p 247.*

15- *Weber, Max, Op. cit., p 248.*

16- *Weber, Max, Op. cit., p 254.*

17- *Tönnies, Ferdinand, Gemeinschaft und Gesellschaft, Grundbegriffe der reinen Soziologie. Darmstadt, 1963. Paru dans Dahme H.j., Op. cit., p 234-235-236-237.*

18- *Tönnies, Ferdinand, lndividuum und Welt in der Neuzeit. Paru dans Dahme H.j., Op. cit., p 236.*

19- *Tönnies, Ferdinand, Op. cit., p 237.*

20- *Dilthey, Wilhelm, Einleitung in die Geisteswissenschaften.Versuch einer Grundlegung für das Studium der Gesellschaft und der Geschichte. Leipzig, 1883. Paru dans Helle H.j., die Soziologie und die Erkenntnistheorie bei Georg Simmel, Darmstadt, Wissenschaftliche Buchgesellschaft, 1988, p 32 à 44.*

21- *Dilthey, Wilhelm, Op. cit., p 33.*

22- *Dilthey, Wilhelm, Op. cit., p 34.*

23- *Dilthey, Wilhelm, Op. cit., p 12.*

24- *Dilthey, Wilhelm, Op. cit., p 37.*

25- *Rammstedt, Otthein, Die Attitüden der Klassiker als unsere soziologischen Selbstverständlicheiten. Paru dans Simmel und die frühen Soziologen, Hg. Otthein Rammstedt, Suhrkamp Frankfurt 1988, p 275 à 298.*

26- *Rammstedt, Otthein, Op. cit., p 286.*

27- *Durkheim, Emile, Le Suicide, 1895, Paris 1976. Paru dans Rammstedt, Otthein, Op. cit., p 289.*

28- *Simmel, Georg, Einleitung in die Moralwissenschaft.Eine Kritik der ethischen Grundbegriffe, Berlin 1892-93. Paru dans Rammstedt, Otthein, Op. cit., p 289.*

29- *Nietzsche, Friedrich, Die Fröhliche Wissenschaft, 1911. Werke lll. Hg.V.K. Schlechta, München Wien 1980. Paru dans Rammstedt, Otthein, Op. cit., p 289.*

30- *Nietzsche, Friedrich, Op. cit., p 289.*

31- *Simmel, Georg, Zu einer Theorie des Pessimismus l. ln: Die Zeit, Wien 1900. Paru dans Rammstedt, Otthein, Op. cit., p 289.*

32- *Simmel, Georg, Questions fondamentales de la sociologie. Traduction par L. Gasparini. Paru dans Sociologie et épistémologie, Presses Universitaires de France, Paris 1981, p 156.*

33- *Simmel, Georg, Soziologie. Untersuchungen über die Formen der Vergesellschaftung. 4. Aufl., Berlin. Paru dans Rammstedt, Otthein, Op. cit., p 297.*

34- *Simmel, Georg, Hauptprobleme der Philosophie, Leipzig 1910. Paru dans Helle H.j., Die Soziologie und Erkenntnistheorie bei Georg Simmel, Darmstadt, Wissenschaftliche Buchgesellschaft, 1988, p 16.*

35- Simmel, Georg, idem, p 17

36- Simmel, Georg, idem, p 18

37- Simmel, Georg, idem, p 19

38- Simmel, Georg, idem, p 20

39- Simmel, Georg, idem, p 22

40- Simmel, Georg, Kant-Sechzehn Vorlesungen. Gehalten an der Berliner Universität. 6. Aufl., Leipzig 1924. Paru chez Helle H.j., Op. cit., p 25 à 31.

41- Simmel, Georg, idem, p 26.

42- Simmel, Georg, idem, p 27.

43- Simmel, Georg, Über soziale Differenzierung, Op. cit., p 30.

44- Simmel, Georg, idem, p 29.

45- Simmel, Georg, Über soziale Differenzierung soziologischen und psychologischen Untersuchungen, 1890 a. Paru chez Helle H.j., Op. cit., p 29.

46- Simmel, Georg, idem, p 30.

47- Simmel, Georg, idem, p 31.

48- Sussman, Margaret, Die geistige Gestalt Georg Simmels. Tübingen 1959. Paru dans Helle H.j., Op. cit., p 30.

Deuxième partie: SPÉCIFICITE DE LA SOCIOLOGIE SIMMELIENNE

1- Simmel, Georg, Grundfragen der Soziologie, 3e édition publiée par Walter de Gruyter & Co... Berlin, 1970. Traduction par L. Gasparini in: Sociologie et épistémologie, PUF Paris 1981.

2- Simmel, Georg. Grundfragen der Soziologie, Op. cit., p 122.

3- Simmel, Georg, Philosophie des Geldes, Duncker & Humblot, Berlin, 1977, p 159.

4- Simmel, Georg, Grundfragen der Soziologie, Op. cit., p 98.

5- Simmel, Georg, Untersuchungen über die Formen der Vergesellschaftung (Soziologie, Recherches sur les Formes de la socialisation). Extrait de Mélanges de philosophie relativiste, traduit de l'allemand par A. Guillain, Paris, Alcan, 1912, p17 à 38, in: Sociologie et épistémologie, Op. cit., p 223-224.

6- Simmel, Georg, Grundfragen der Soziologie, Op. cit., p 86.

7- Simmel, Georg, Grundfragen der Soziologie, Op. cH., p 122.

8- Simmel, Georg, Comment les Formes sociales se maintiennent, extrait de l'année sociologique 1896/1897, p 71 à 109, in: Sociologie et épistémologie, Op. cit., p 172.

9 - Simmel, Georg, Grundfragen der Soziologie, Op. cH., p 89.

10- Simmel, Georg, le niveau social et le niveau individuel. Exemple de sociologie générale, in: Sociologie et épistémologie, Op. cit., p113.

11- Simmel, Georg, Grundfragen der Soziologie, Op. cit., p 101.

12- Simmel, Georg, la sociabilité. Exemple de sociologie pure ou formale, in: Sociologie et épistémologie, Op. cit., p 122.

13- Simmel, Georg, idem, p 122.

14- Simmel, Georg, le problème de la sociologie. Extrait de la revue de métaphysique et de morale, 2e année, 1894, p 497 è 504, in: Sociologie et épistémologie, Op. cit., p 165.

15- Simmel, Georg, Secret et Sociétés secrètes. Ed. Circé.Strasbourg 1991. (Traduit de l'allemand par Sibylle Muller, Postface de Patrik Watier). p8.

16- Simmel, Georg, Grundfragen der Soziologie, Question fondamentale de la sociologie, 3e éd. publiée par Walter de Gruyter & Co., Berlin 1970, in: Sociologie et épistémologie, Georg Simmel, PUF Paris 1981, p 100.

17- Simmel, Georg, Grundfragen der Soziologie, in: Sociologie et épistémologie, Op. cit., p 101.

18 - Simmel, Georg, La sociabilité. Exemple de sociologie pure ou formale, in: Sociologie et épistémologie, Op. cit., p 124.

19- Maffesoli, Michel, Une comparaison entre Emile Durkheim et Georg Simmel, Ein Vergleich zwischen Emile Durkheim und Georg Simmel, in: Simmel und die frühen Soziologen, Suhrkamp Hg. Rammstedt Otthein, Franlkfurt/Main 1988 p 163 à 178.

20- Habermas, Jürgen, Erkenntnis und Interesse, Suhrkamp, Frankfurt / Main, 1968.

21- Maffesoli, Michel, Die Ambiguitât des Positivismus bei Durkheim, in: Simmel und die frühen Soziologen, Op. cit., - p 163.

22- Maffesoli Michel, idem, p 170-171

23- Maffesoli, Michel, idem, p 171.

24- Maffesoli, Michel, idem, p 175.

25- Helle, H.j., Soziologie und Erkenntnistheorie bei Georg Simmel. Darmstadt: Wissenschaftlische Buchgesellschaft., 1988, p 33.

26- Helle, H.j., idem, p 36.

27- Simmel, Georg, Grundfragen der Soziologie, in: Sociologie et épistémologie, Op. cit., p 102.

28- Durand, Gilbert (1969), Les structures anthropologiques de l'imaginaire. Paris. ln: Michel Maffesoli, Ein Vergleich zwischen Emile Durkheim und Geog Simmel, in: Simmel und die frühen Soziologen, Op. cit., p 171.

29- Maffesoli, Michel, Ein Vergleich zwischen Emile Durkheim und Georg Simmel, in: Simmel und frühen Soziologen, Op. cit., p 172.

30- Weber, M, (1922), Gesammelte Aufsätze zur Wissenschaftslehre. Tübingen, in: Michel Maffesoli, Op. cit., p 180.

31- Maffesoli, Michel, Ein Vergleich zwischen Emile Durkheim und Georg Simmel, in: Simmel und frühen Soziologen, Op. cit., p 180.

32- Jankélévitch, Vladimir, Introduction, in: Georg Simmel, La tragédie de la Culture, Editions Rivages, Paris/Marseille 1988, p 79...

33- Simmel, Georg, Grundfragen der Soziologie, 3e édition publiée par Walter de

Gruyter & Co., Berlin, 1970, in: Sociologie et épistémologie, PUF Paris, 1981, p 91.

34- Levine, Donald, Georg Simmel on lndividuality and Social Forms. Introduction. Chicago, in: Simmel und die frühen Soziologen, Suhrkamp, Frankfurt/Main, 1988, p 24-25.

35- Simmel, Georg, Grundfragen der Soziologie, Op. cit., p 90.

36- Simmel, Georg, idem, p 89.

37- Simmel, Georg, idem, p 90.

38- Simmel, Georg, Problème de le sociologie, in: Extrait de la Revue de Métaphysique et de Morale, 2e année, 1894, in: Sociologie et épistémologie, Op. cit., p 164.

39- Simmel, Georg, idem, p 164.

40- Simmel, Georg, Fragment über die liebe (Fragment sur 1'Amour). Ecrits posthumes, Logos 10-1921/1922. 1 n: Georg Simmel, Philosophie de l'Amour, Editions Rivages, Paris/Marseille 1988, p 112.

41- Simmel, Georg, idem, p 118

42- Simmel, Georg, idem, p 121

43- Simmel, Georg, idem, p 122.

44- Nedelmann, Birgitte, "Psychologismus" oder Soziologie der Emotionen. ln: Simmel und die frühen Soziologen, Op. cit., p 26.

45- Simmel, Georg, Essais sur la sociologie des sens. Extrait du livre Sociologie. ln: Sociologie et épistémologie, Op. cit., p 225.

46- Simmel, Georg, idem, p 225.

47- Simmel, Georg, idem, p 228.

48- Simmel, Georg, idem, 231.

49- Simmel, Georg, idem, p 235.

50- Simmel, Georg, Comment les formes sociales se maintiennent. Extraits de 1'année sociologique, 1896-1897, in: Sociologie et épistémologie, Op. cit., p 172.

51- Simmel, Georg, Secret et Sociétés secrètes, Edition Circé, Strasbourg 1991, p 113.

52- Simmel, Georg, idem, p 9.

53- Simmel, Georg, idem, p 10.

54- Simmel, Georg, idem, p 14.

55- Simmel, Georg, idem, p 15.

56- Simmel, Georg, Essai sur la sociologie des sens. Extrait du livre Sociologie, in: Sociologie et épistémologie. Op. cit., p 238.

57- Simmel, Georg. Secret et sociétés secrètes. Op. cit., p34.

58- Simmel, Georg, idem, p 38.

59- Simmel, Georg, idem, p 41.

60- Simmel, Georg, idem, p 120.

61- Simmel, Georg, idem, p 68.

62- Simmel, Georg, idem, p 94.

63- Simmel, Georg, idem, p 100.

64- Simmel, Georg, Digression sur la parure. idem, p 53.

65- Simmel, Georg, idem, p 53.

66- Simmel, Georg, idem, p 54.

67- Simmel, Georg, idem, p 57.

68- Simmel, Georg, idem, p 56

69- Simmel, Georg, idem, p 62.

70- Simmel, Georg, idem, p 63.

71- Simmel, Georg, "Die Mode", 1895. In: Philosophische Kultur, Wagenbach, Berlin, 1983, p 26 à 51. in: La Tragédie de la Culture, Editions Rivages, Paris/Marseille, 1988, p 91.

72- Simmel, Georg, idem, p 91.

73- Simmel, Georg, idem, p 91.

74- Simmel, Georg, idem, p 98.

75- Simmel, Georg, idem, p 104.

76- Simmel, Georg, idem, p 108.

77- Simmel, Georg, idem, p 111.

78- Simmel, Georg, idem, p 126.

79- Jankélévitch, Vladimir, Introduction. In: Georg Simmel La Tragédie de la Culture, Editions Rivages, Paris/Marseille, 1988, p 21.

80- Jankélévitch, Vladimir, idem, p 21.

81- Simmel, Georg, Le Domaine de la sociologie, dans: Questions fondamentales de la sociologie, dans: Sociologie et épistémologie, PUF Paris, 1981, p 89.

82- Simmel, Georg, idem, p 177.

83- Simmel, Georg, idem, p 178.

84- Simmel, Georg, idem, p 177.

85- Simmel, Georg, idem, p 184.

86- Simmel, Georg, idem, p 186.

87- Simmel, Georg, Comment les formes sociales se maintiennent. Dans: Extraits de l'année sociologique, 1896-1897, dans: Sociologie et épistémologie, Op. cit., p 192.

88- Simmel, Georg, idem, p 194.

89- Simmel, Georg, idem, p 203.

90- Simmel, Georg, Soziologie, Untersuchungen über die formen der Vergesellschaftung. Ed Dunker et Humblot, 4e edit., Berlin, 1958.

91- Hegel, G.W.F., La Phénoménologie de J'esprit. Paris, Aubier, 1941, p 159.

92- Marx, Karl, Das Kapital. Kritik der politlschen Ökonomie, Bd 1, 2. Aufl., 1885, Hambourg.

93- Tönnies, Ferdinand. Gemeinschaft und Gesellschaft, Jena 1881.

94- Simmel, Georg, Comment les formes sociales se maintiennent, in: Extrait de l'année sociologique, 1896-1897. In: et épistémologie, PUF Paris 1981, p 204

95- Simmel, Georg, idem, p 203-204.

96- Simmel, Georg, idem, p 204.

97- Freund, Julien, Introduction, dans Sociologie et épistémologie, Op. cit., p 69.

98- Simmel, Georg, Comment les formes sociales se maintiennent, Op. cit., p 203.

99- Freund, Julien, Introduction, Op. cit, p 71.

100- Maffesoli, Michel, Essais sur 1a violence, Librairie des Méridiens, Klinckieck & Cie 1984, p 13.

101- Hahn, Aloïs, La Sociologie du Conflit, ce texte a fait l'objet d'une communication lors d'une conférence tenue antérieurement en langue allemande, Université de Trèves, p 375 - 385., p 381.

102- Hahn, Aloïs, idem, p 382-383.

103- Hahn, Aloïs, idem, p 384.

104- Hahn, Aloïs, idem, p 385.

105- Habermas, Jürgen, Erkenntnis und Interesse, Suhrkamp, Frankfurt / Main, 1968.

106 - Simmel, Georg, Domaine de la sociologie, in: Questions fondamentales de la sociologie. ln: Sociologie et épistémologie, PUF Paris 1981, p 90.

107 - Freund, Julien, Introduction, in Sociologie et épistémologie, Op. cit., p 60.

108 - Simmel, Georg, la Sociabilité. Exemples de sociologie pure ou formale, in: Sociologie et épistémologie, Op. cit., p 125.

109- Simmel, Georg, idem, p 128.

110- Simmel, Georg, idem, p 129.

111- Simmel, Georg, idem, p 135.

112- Simmel, Georg, idem, p 130.

113 - Simmel, Georg, idem, p 131.

114- Simmel, Georg, idem, p 131.

115- Simmel, Georg, idem, p 133.

116- Simmel, Georg, idem, p 133.

117- Simmel, Georg, idem, p 136.

118- Simmel, Georg, Philosophie des Geldes, Duncker & Humblot, Berlin, 1977, p 511

119- Simmel, Georg, Das individuelle Gesetz, p 148, in: Julien Freund, Introduction, in: Sociologie et épistémologie, Op. cit., p 41.

120- Simmel, Georg, la Sociabilité, in: Sociologie et épistémologie, Op. cit., p 122.

121- Simmel, Georg, idem, p 123.

122- Simmel, Georg, idem, p 136.

123- Simmel, Georg, idem, p 122.

124- Simmel, Georg, idem, p 123.

125- Simmel, Georg, idem, p 123.

126- Helle, H.J., Das Soziologie und Erkenntnistheorie bei Georg Simmel, Darmstadt, Wissenschaftliche Buchgesellschaft, 1988, p 128.

127- Helle, H.J., idem, p 128.

128- Jankélévitch. Vladimir, Introduction in: Georg Simmel, La Tragédie de la Culture. Editions Rivages, Paris/Marseille, 1988, p 58.

129- Jankélévitch, Vladimir, idem, p 59.

130- Jankélévitch, Vladimir, idem, p 61.

131- Helle, H.J., Die Soziologie und Erkenntnistheorie bei Georg Simmel, Op. cit., p 130.

132- Helle, H.J., idem. p 131.

133- Helle, H.J., idem, p 131.

134- Helle, H.J., idem. p 132.

135- Helle, H.J., idem, p 132.

136- Helle, H.J., idem, p 133.

137- Helle, H.J., idem, p 134.

138- Helle, H.J., idem, p 142.

139- Freund, Julien, Introduction. ln: Sociologie et épistémologie, PUF Pans, 1981, p 13.

140- Vieillard-Baron, J.L., Philosophie de la Modernité, Tome I, Pons, Payot, 1989.

141- Vieillard-Baron, J.L., idem, p 56.

142- Simmel, Georg, Schopenhauer und Nietzsche, in Sociologie et épistémologie, PUF, Paris, 1981, p 34.

143- Simmel, Georg, idem, p 34.

144- Simmel, Georg, Métaphysique de l'Art, in Vieillard-Baron,J.L., Philosophie de la Modernité, Op. cit., p 55.

145- Vieillard-Baron, Jean-Louis, Philosophie de la Modernité, Op. cit., p 19 et 37.

146- Vieillard-Baron, Jean-Louis, idem, p 34 â 36.

147 Vieillard-Baron, Jean-Louis, idem, p 37.

148- Jankélévitch, Vladimir,. Introduction, Georg Simmel,La Tragédie de la Culture, Op. cit., p 45.

149- Jankélévitch. Vladimir, idem, p 40.

150- Jankélévitch, Vladimir, idem, p 51.

151- Jankélévitch. Vladimir, idem, p 54.

152- Jankélévitch, Vladimir, idem, p 54.

153- Jankélévitch, Vladimir, idem, p 55.

154 - Jankélévitch, Vladimir, idem, p 55.

155- Simmel, Georg, L'Art pour l'Art, 1914, in: Zur Philosophie der Kunst. ln: Georg Simmel, La Tragédie de la Culture, Op. cit., p 50.

156- Simmel, Georg, idem, p 252.

157- Simmel, Georg, idem, p 253.

158- Jankélévitch, Vladimir, Introduction, Georg Simmel, La Tragédie de la Culture, Op. cit., p 153.

159- Jankélévitch, Vladimir, idem, p 50.

160- Vieillard-Baron, J.L., Phil osophie de le Modernité, Op.,cit.

161- Simmel, Georg, La Sociabilité. Exemples de Sociologie pure ou formelle, dans: Sociologie et épistémologie, Op. cit., p 135-136.

162- Simmel, Georg, La signification esthétique du Visage, in: Georg Simmel, La Tragédie de la Culture, Op. cit., p 138.

163- Vieillard-Baron, Jean-Louis, La Philosophie de la Modernité, Op. clt., p 47.

164 Vieillard-Baron, Jean-Louis, idem, p 40.

165- Simmel, Georg, La signification esthétique du visage.ln: Georg Simmel, Le Tragédie de le Culture, Op. cit., p 137.

166- Simmel, Georg, Métaphysique de l'Art. In: Georg Simmel, Le Tragédie de 18 Culture, Op. clt., p 158.

Troisième partie: LE VITALISME SOCIOLOGIQUE DE SIMMEL

1- Freund. Julien, Introduction. ln: Georg Simmel, Sociologie et épistémologie, PUF, Paris, 1988, p 44.

2- Freund. Julien, idem, p 44.

3- Freund, Julien, idem, p 44.

4- Freund, Julien, idem. p 44.

5- Simmel, Georg, Pont et Porte; "Brücke und Tür", 1909. ln: Das lndividuum und die Freiheit, in: Georg Simmel, La Tragédie de le Culture, Ed. Rivages. Paris/Marseille, 1988. p 159.

6- Simmel, Georg, Pont et Porte, idem, p 160

7- Simmel, Georg, Pont et Porte, idem, p 162.

8- Jankélévich, Vladimir, Introduction. ln: Georg Simmel. La Tragédie de la Culture, Ed.

Rivages, Paris/Marseille 1988, p 71.

9- Jankélévitch, Vladimir, idem, p 168.

10- Jankélévitch, Vladimir, idem, p 167.

11- Jankélévitch, Vladimir, Idem, p 169.

12- Jankélévitch, Vladimir, idem, p 36.

13- Simmel, Georg, Zur Philosophie der Kunst, in: Georg Simmel, La Tragédie de le Culture, Introduction de V. Jankélévitch, p 69.

14- Jankélévitch, Vladimir, Introduction. ln Georg. Simmel, Le Tragédie de la Culture, Op. cit., p 79.

15- Simmel, Georg, Le Concept de la Tragédie de la Culture. ln: Georg Simmel, Le Tragédie de la Culture, Op. cit., p 160.

16- Simmel, Georg, idem, p 182.

17- Simmel, Georg, idem, p 182.

18- Simmel, Georg, idem, p 183.

19- Simmel, Georg, idem, p 186.

20- Simmel, Georg, idem, p 193.

21- Simmel, Georg, idem, p 193.

22- Simmel, Georg, idem, p 190.

23- Simmel, Georg, idem, p 192.

24- Simmel, Georg, Idem, p 200.

25- Simmel, Georg, idem, p 206.

26- Simmel, Georg, idem, p 206.

27- Simmel, Georg, idem, p 206.

28- Simmel, Georg, idem, p 206.

29- Simmel, Georg, idem, p 206.

30- Simmel, Georg, idem, p 211.

31- Simmel, Georg, idem, p 215.

32- Aron, Raymond, Le Philosophie critique de l'Histoire, Chapitre 3: Philosophie de le Vie et logique de l'Histoire, chez G. Simmel, J. Vrin, Librairie Philosophique, Callet, Points, 1969, p 203.

33- Simmel, Georg, L'individu et la Société dans certaines conceptions de l'Existence du XVIIIe et XIXe siècle: Exemple de sociologie philosophique. ln: Georg Simmel, Sociologie et épistémologie, PUF, Paris 1981, p 140.

34- Simmel, Georg, idem, p 140.

35- Simmel, Georg, idem, p 141.

36- Helle, H.j., Soziologie und Erkenntnistbeorie bei Georg Simmel~ Wissenschaftliche. Buchgesellschaftl Darmstadt, 1988, p 30.

37- Simmel, Georg, "La Loi Individuelle" "Das lndividuelle Gesetz". Landmann, Michael (Hrsg.), Frankfurt/Main, 1968.

38- Simmel, Georg, L'Individu et la Société dans certaines conceptions de l'Existence du XVIIIe et XIXe siècle, Op. cit, p 137.

39- Simmel, Georg, idem, p 141.

40- Simmel, Georg, idem, p 141.

41- Simmel, Georg, idem, p 150.

42- Simmel, Georg, Kant und Gœthe, zur Geschichte der modernen Weltanschauung, Leipzig, Kurt Wolff Verlag, 1916, in: J.L. Vieillard-Baron, Philosophie de la Modernité, Introduction, Tome I, Paris, Payot, 1989, p 52.

43- Simmel, Georg, L'Individu et la Société dans certaines conceptions de l'Existence du XVIIIe et XIXe siècle, Op. cit., p 156.

44- Simmel, Georg, idem, p 149.

45- Simmel, Georg, idem, p 156.

46- Simmel, Georg, Über eine Beziehung der Selectionslehre zur Erkenntnistheorie. ln: Helle, H.j., Soziologie und Ertenntnistheorie bei Georg Simmel, Op. cit., p 75.

47- Simmel, Georg, Rembrandt, Ein Kunstphilosophischer Versuch, Leipzig, 1916, 4. Aufl., Darmstadt, 1958.

48- Simmel, Georg, la signification esthétique du visage, 1901. ln: Georg Simmel, la Tragédie de la Culture, Ed. Rivages, Paris/Marseille, 1968, p 139.

49- Simmel, Georg, idem, p 140.

50- Vieillard-Baron, Jean-Louis, Philosophie de la Modernité, Introduction, Op. cit., p 44.

51- Vieillard-Baron, Jean-Louis, idem, p 48.

52- Vieillard-Baron, Jean-Louis, idem, p 49.

53- Vieillard-Baron, Jean-Louis, 1dem, p 49.

54- Vieillard-Baron, Jean-Louis, idem, p 58.

55- Jérusalem, W., (1913), Zur Weiterentwicklung des Pragmatismus. ln: Deustche Literaturzeitung 34, 51/52, in: Helle, H.j., Soziologie und Erkenntnistheorie bei Georg Simmel, Op. cit., p 63.

56- Simmel, Georg, Über eine Beziehung der Selectionslehre zur Erkenntnistheorie. ln: Helle, H.j., Soziologie und Erkenntnistheorie bei Georg Simmel, Op. cit., p 76.

57- Jérusalem, W., Zur Weiterentwicklung des Pragmatismus. ln: Deustche Literaturzeitung 34, 51/52, Op. cit., p 63.

58- Jérusalem, w., idem, p 63.

59- Simmel, Georg, Über eine Beziehung der Selectionslehre zur Erkenntnistheorie. ln: Helle, H.j., Soziologie und Erkenntnistheorie bei Georg Simmel, p 64.

60- Simmel, Georg idem, p 64.

61- Helle, H.j., Soziologie und Erkenntnistheorie bei Georg Simmel, Op. cit., p 66. ·

62- Simmel, Georg, Über eine Beziehung der Selectionslehre zur Erkenntnistheorie. In: Helle, H.j., Soziologie und Erkenntnistheorie bei Georg Simmel, Op. cit., p 66.

63- Simmel, Georg, idem, p 66.

64- Jérusalem, W., Zur Weiterentwicklung des Pragmatismus. In: Deustche Literaturzeitung 34, 51/52, Op. cit., p 68.

65- Simmel, Georg, Über eine Beziehunlehre der Selection In: Helle, H.j., Soziologie und Erkenntnistheorie bei Georg Simmel, Op. cit., p 69.

66- Simmel, Georg, idem, p 69.

67- Simmel, Georg, Über eine Beziehung der Selectionslehre zur Erkenntnistheorie. In: Helle, H.j., Soziologie und Erkenntnistheorie bei Georg Simmel, Op. cit., p 77.

68- Simmel, Georg, idem, p 77.

69- Simmel, Georg, Fragmente und Aufsätze. In: Freund, Julien, Introduction, Sociologie et épistémologie, Op. cit., p 48.

70- Simmel. Georg, idem. p 46.

71- Lukács, Georges. Postface, Georg Simmel, Philosophie de l'Amour, Ed. Rivages. Paris/Marseille, 1988, p 190.

72- Simmel, Georg, Philosophie des Geldes, Duncker & Humblot, Berlin, 7e Aufl., 1977.

73- Helle, H.j., Soziologie und Erkenntnistheorie bei Georg Simmel, Wissenschaftlische Buchgesellschaft, Darmstadt, 1986, p 154.

74- Simmel, Georg, Philosophie des Geldes, Op. cit., p 5.

75- Simmel, Georg, idem, p 9.

76- Simmel, Georg, idem, p 8.

77- Simmel, Georg, idem, p 10-11-12.

78- Simmel, Georg, idem, p 71.

79- Simmel, Georg, idem, p 24.

80- Simmel, Georg, idem, p 27.

81- Simmel, Georg, idem, p 27-28.

82- Helle, H.j. Soziologie und Erkemtnistheorie bei Georg Simmel, Op. clt., p 61.

83- Helle, H.j., idem, p 62.

84- Freund, Julien, introduction, Sociologie et épistémologie, Georg Simmel, PUF, Paris, 1981, p 19.

85- Freund, Julien, idem, p 19.

86- Simmel, Georg, Philosophie des Geldes, Op. cit., p 62.

87- Simmel, Georg, Philosophie des Geldes, in: Helle, H.j. Soziologie und Erkenntnistheorie bei Georg Simmel, Op. cit., p 165.

88- Simmel, Georg, Philosophie des Geldes, Op. cit, p 33.

89- Simmel, Georg, idem, p 33-34.

90- Simmel, Georg, idem, p 38.

91- Simmel, Georg, idem, p 31.

92- Freund, Julien, Introduction, Sociologie et épistémologie, Georg Simmel, Op. cit, p 24.

93- Helle, H.j., Soziologie und Erkenntnistheorie bei Georg Simmel, Op. cit., p 168.

94- Simmel, Georg, Philosophie des Geldes, Op. cit., p 51.

95- Simmel, Georg, idem, p 54.

96- Simmel, Georg, idem, p 55-56.

97- Simmel, Georg, idem, p 344.

98- Simmel, Georg, in: Julien Freund, Introduction, Sociologie et épistémologie, Op. cit., p 30.

99 - Simmel, Georg, idem, p 31.

100- Simmel, Georg, idem, p 31.

101- Simmel, Georg, idem, p 32.

102- Simmel Georg, Philosophie des Geldes, Op. cit., p 322.

103- Simmel, Georg, idem, p 583.

104- Simmel, Georg, idem, p 585.

105- Lukacs, Georges, Postface, in: Georg Simmel, Philosophie de l'Amour, Ed. Rivages, Paris/Marseille, 1966, p 192.

106- Simmel, Georg, Beitrage zur Philosophie der Geschichte, in: Julien Freund, Introduction, Sociologie et épistémologie, Op. cit., p 33.

107- Aron, Raymond. Philosophie critique de l'Histoire, Chapitre III, Philosophie de la vie et logique de l'Histoire, chez Georg Simmel. J. Vrin, librairie philosophique, Callet Points, 1969.

108- Aron, Raymond, idem, p 175.

109- Aron, Raymond, idem, p 180.

110- Aron, Raymond, 1dem, p 181

111- Aron, Raymond, idem, p 185.

112- Aron, Raymond idem, p 198.

113- Aron, Raymond, idem, p 209.

114- Aron, Raymond, idem, p 213.

115- Maffesoli, Michel, Epistémologie de la vie quotidienne: vers un "Formisme" en sociologie. ln: Cahiers 1ntenationaux de Sociologie, 1983, in: Simmel und die frühen Soziologen. Suhrkamp, Frankfurt / Main, 1988, p 172.

116- Levine, Donald N. Ambivalente Begegnungen "Negationen" Simmels durch Dukheim, Weber, Lukács und Parsons, p 318 à 387. ln: Dehme H.g. und Rammstedt Otthein (Hg.): Georg Simmel und die Moderne. Frankfurt/Main, 1984, p 181 à 193.

117- Wiese, Leopold von, Neuere soziologische Literatur- Kritische Literaturübersichten. ln: Donald N.Levine, Op. cit., in: Simmel und dtie frühen soziologen, Suhrkamp,

Frenkfurt/Main, 1988, p 190.

118- *Sorokin. Pitirim A., Contemporary Sociological Theories. New York. Harper, 1928. ln: Donald N. Levine, Op. cit., in: Simmel und die frühen Soziologen, Op. ctt... p 195.*

119- *Duncan, Hugh D., Simmels Image of Society, Colombus, Ohio, State University Press, In: Donald N. Levine, Op. cit., 1n: Simmel und die frühen Soziologen, Op. ctt., p 194.*

120- *Durkheim, Emile, Sociology and Its Scientific field. ln: Donald N. Levine, Op. cit., in: Simmel und die frühen Soziologen, Op. cit, p 191-192.*

121- *Durkheim, Emile, Textes Eléments d'une théorie sociale, Paris, Ed. de Minuit, 1975, p 19. ln: Introduction, Georg, Simmel, Sociologie et Épistémologie, PUf, Paris, 1981, p 8.*

122- *Durkheim, Emile, Sociology and Its Scientific Field, ln: Donald N. Levine, Op. cit., p 191.*

123- *Gurvitch, G., Traité de Sociologie, Bd 1., PUF Paris, 1967, p 5.*

124- *Maffesoli, Michel, Epistémologie de la vie quotidienne: vers un "Formisme" en sociologie, Op. cit, p 170.*

125- *Freund, Julien, Introduction. ln: Sociologie et épistémologie. Op. cit., p 49.*

126- *Maffesoli, Michel, Epistémologie de la vie quotidienne, Op. cit., p 171.*

127- *Maffesoli, Michel, Essai sur la violence, librairie des Méridiens, Klincksieck & Cie, 1984, p 9.*

128- *Levine, Donald N., Ambivalente, Op. cit., p 190.*

129- *Jankélévitch, Vladimir, Introduction, Ed. Rivages, Paris/Marseille, 1988, p 83.*

130- *Freund, Julien, Introduction. ln Sociologie et épistémologie, Op. cit., p9.*

131- *Lukács, Georges, Postface in: Georg Simmel, Philosophie de l'Amour, Ed. Rivages, Paris/Marseille, 1988, p 188.*

132- *Lukács, Georges, idem, p 188.*

133- *Lukács, Georges, idem, p 188.*

134- *Freund, Julien, Introduction.: Sociologie et épistémologie Georg Simmel, Op. cit., p 13.*

135- *Freund, Julien, Idem, p 13*

Conclusion

1 - *Jankélévitch, Vladimir, Introduction, Georg Simmel, la Tragédie de la Culture, Ed. Rivages, Paris/Marseille, 1988, p 41.*

2- *Simmel, Georg, Essai sur la sociologie des sens, Extrait du livre Sociologie (recherches sur les formes de la socialisation), in: Sociologie et épistémologie, PUF Paris, 1968, p 238.*

Bibliographie

I - Les œuvres de Georg Simmel

- Simmel, Georg, la Tragédie de la Culture et autres essais, lntroduction de Vladimir Jankélévitch. Traduit de l'allemand par Sabine Cornille et Philippe lvernel, Editions Rivages. Paris/Marseille 1988.

- Das Wesen der Materie nach Kants Physischer Monadologie, Phil. Diss., Berlin 1881.

- Über soziale Differenzierung. Soziologische und psychologische Untersuchungen, Leipzig 1890, 4. Neudruck, Amsterdam 1966.

- Die Probleme der Geschichtsphilosophie. Eine erkenntnistheoretische Studie, leipzig 1892; 2., völlig veränderte Aufl., 1905; 3., erweiterte Aufl., 1907; 5. Aufl., 1923.

- Einleitung in die Moralwissenschaft. Eine Kritik der ethischen Grundbegriffe, 2 Bde., Berlin 1892/93; 4. Aufl., 1964.

- Das Problem der Soziologie, in: Jahrbuch für Gesetzgebung, Verwaltung und Volkswirtschaft im Deutsche n Reich, 18, 1894.

- Über eine Beziehung der Selektionstheorie zur Erkenntnistheorie, in: Archiv für systematische Philosophie.

- Zur Psychologie der Mode. Soziologisehe Studie, in: Die Zeit, Wien, 5, 12.10.1895.

- Zur Soziologie der Familie, in: Vossische Zeitung, 30.6.1895, Sonntagsbeilage 26, S. 8-10, und 7.7.1895, Sonntagsbeilage 27.

- Soziologische Ästhetik, ln: Die Zukunft, 17, 1896.

- Zur Methodik der Socialwissenschaft, in: Jahrbuch für Gesetzgebung, Verwaltung und Volkswirtschaft im Deutschen Reich, 20, 1896, = Heft 2, (Besprechung des Buches von R. Stammler: Wirtschaft und Recht nach der materialistischen Geschichtsauffassung, Berlin/Leipzig 1896).

- Die Selbsterhaltung der sozialen Gruppe. Soziologische Studie, in: Jahrbuch für Gesetzgebung, Verwaltung und Volkswirtschaft im Deutschen Reich, 22, 1898.

- Soziologische Vorlesung an der Universität Berlin im Wintersemester 1899 (veröffentlicht als studentische Nachschrift von Park, Robert E.: Notes, in: Society for social research, University of Chicago 1931).
- Philosophie des Geldes, Berlin 1958, 6. Aufl.
- Über räumliche Projektionen sozialer Formen, in: Zeitschrift für Sozialwissenschaft, 6, 1903.
- Soziologie der Konkunrrenz, in: Neue Deutsche Rundschau, 14, 1903.
- Soziologie des Raumes, in: Jahrbuch für Gesetzgebung, Verwaltung und Volkswirtschaft im Deutschen Reich, 27, 1903.
- Kant, 16 Vorlesungen, gehalten an der Berliner Universität, Leipzig 1904, 6. Aufl., 1924.
- Kant und Gœthe, Zur Geschichte der modernen Weltanschauung, Berlin 1906; 5. Aufl., Leipzig/München 1924.
- Die Religion, Frankfurt (Main) 1906; 2., veränderte und vermehrte Aufl., 191·2; 3. Aufl., 1922.
- Zur Soziologie der Armut, ln: Archiv für Sozialwissenschaft und Sozialpolitik, 22, Neue Folge 4, 1906.
- Schopenhauer und Nietzsche. Ein Vortragszyklus, Leipzig 1907; 3. Aufl., 1923.
- Dankbarkeit. Ein soziologischer Versuch, in: Morgen, 1, 1907.
- Zur Philosophie der Herrschaft. Bruchstück aus einer Soziologie, ln: Jahrbuch für Gesetzgebung, Verwaltung und Volkswirtschaft lm Deutsehen Reich, 31, 1907.
- Zur Soziologie des Adels. Fragment aus einer Formenlehre der Gesellschaft, in: Frankfurter Zeitung, 27.12.1907.
- Soziologie der Sinne, in: Die Neue Rundschau, 18, 1907, 2, S. 1025-1036.
- Soziologie der Über und Unterodnung, in: Archiv für Sozialwissenschaft und Sozialpolitik, 24, Neue Folge 6, 1907.
- Soziologie, Untersuchungen über die Formen der Vergesellschaftung, Berlin 1958; 4. Aufl.
- Der Brief. Aus einer Soziologie des Geheimnisses, 1n: Österreichische Rundschau, 15, 1908.
- Der Mensch als Feind. Zwei Fragmente aus einer Soziologie, in: Morgen, 2, 1908.
- Zur Philosophie des Schauspielers, in: Morgen, 2, 1908.

- Beiträge zur Philosophie der Geschichte, Bologna 1909.

- Hauptprobleme der Philosophie, Leipzig 1910 (Sammlung Göschen 500); 8. Aufl., 1964.

- Soziologie der Geselligkeit. Vortrag am Begrüssungsabend des Deutschen Soziologentages in Frankfurt (Main) am 19.10.1910, in: Frankfurter Zeitung, 21, 22.10.1910; gleichfalls in: Schriften der Deutschen Gesellschaft für Soziologie, Serie 1, Bd. 1, Verhandlungen des Deutschen Soziologentages (1910), 1911.

- Soziologie der Mahlzeit, in: Berliner Tageblatt, 10.10.1910, Der Zeitgeist, 41.

- Philosophische Kultur. Gesammelte Essays, leipzig 1911; 3: Aufl., 1923.

- Weibliche Kultur, in: Archiv für Sozialwissenschaft und Sozialpolitik, 33, 1911, S.1-36.

- Der Begriff und die Tragödie der Kultur, in: logos, 2, 1911/12.

- Der Schauspieler und die Wirklichkeit, in: Berliner Tageblatt, 7.1.1912.

- Über Takt. Soziologie der Geselligkeit, in: Frankfurter Zeitung, 22.10.1912.

- Ethik und Probleme der modernen Kultur. Vorlesungen 1913. Nachschrift von Gassen, Kurt, in: Philosophische Studien, 1, 1949.

- Gœthe, leipzig 1913; 5. Aufl., 1923.

- Das individuelle Gesetz. Ein versuch über das Prinzip der Ethik, in: Logos, 4, 1913, S. 117-160; Neudruck in: Philosophische Exkurse, Landmann, Michael (Hrsg.), Theor. 1, Frankfurt (Main) 1968.

- Das Problem der historischen Zeit, Berlin 1916.

- Rembrandt. Ein kunstphilosophischer Versuch, Leipzig 1916: 4. Aufl., Darmstadt 1958.

- Der Fragmentcharakter des Lebens. Aus den Vorstudien zu einer Metaphysik, in: Logos, 6, 1916/17, S. 29-40.

- Grundfragen der Soziologie. lndividuum und Gesellschaft, Berlin/Leipzig 1917 (Sammlung Göschen 101); 2. Aufl., 1920.

- Die historische Formung, in: Logos, 7. 1817/18. s. 113-152.

- Brief an Heinrich Rickert vom 15.4.1917 (?), in: Gassen, Kurl, und Landmann, Michael (Hrsg.): Buch des Dankes an Georg Simmel, Berlin 1958, S.117ff.

- Der Konflikt der modernen Kultur. Ein Vortrag, München/Leipzig 1918; 3. Aufl., 1926.

- Lebensanschauung. Vier metaphysische Kapitel, München/ Leipzig 1918; 2.

Aufl., 1922.

- Vom Wesen des historischen Verstehens, Berlin 1918.

- Nachgelassenes Tagebuch, in: Logos. s. 121-151.

- Ausbildung der lndividualität im Zusammenhang mit der Erweiterung der Gruppe, in: Herbig, Elisabeth (Hrsg.): Vom sozialen Leben und Werden unserer Zeit, Bielefeld/Leipzig 1920. Neudruck 1925, S. 17-45.

- Zur Philosophie des Schauspielers. Aus dem Nachlass herausgegeben. in: Logos, 9, 1920/21, S. 339-362.

- Zur Philosophie der Kunst. Philosophische und kunstphilosophische Aufsätze, herausgegeben von Simmel, Gertrud, Potsdam 1922.

- Schulpädagogik. Vorlesungen, hrsg. von Hauter, Karl, Osterwiek (Herz) 1922.

- Fragmente und Aufsätze aus dem Nachlass und Veröffentlichungen der letzten Jahre, hrsg. und mit einem Vorwort von Kantorowicz, Gertrud., München 1923; Neudruck Hildesheim1967.

- Brücke und Tür. Essays des Philosophen zur Geschichte, Religion, Kunst und Gesellschaft. Im Verein mit Sussman, Margarete, hrsg. Von Landmann, Michael, Stuttgart 1957.

- Anfang einer unvollendeten Selbstdarstellung, in: Gassen, Kurt, und Landmann, Michael (Hrsg.): Buch des Dankes an Georg Simmel, Berlin 1958.

Les essais traduits:

1 - La mode “Die Mode” (1895) in Philosophische Kultur, Wagenbach, Berlin, 1983, p. 26-51.

2 - Esthétique et sociologie “soziologische Ästhetik”, (1898) in Brücke und Tür, Kœhler, Stuttgart, 1957. p. 200-203.

3 - La signification esthétique du visage. “Die ästhetische Bedeutung des Gesichts” (1901) in Das lndividuun und die Freiheit, Wagenbach, Berlin. 1984. p. 140-145.

4 - Le Christianisme et l’Art. “Das Christentum und die Kunst” (1907), in Das lndividuum und die Freiheit. Op. cit., p. 120-129.

5 - Pont et porte; “Brücke und Tür” (1909) in Das lndividuum und die Freiheit, Op. cit., p. 7-11.

6 - Métaphysique de la mort. “Zur Metaphysik des Todes” (1910) in Das lndividuum und die Freiheit, Op. cit. p. 29-35.

7 - Le concept et la Tragédie de la Culture. “Der Begriff und die Tragödie der Kultur” (1911), in Philosophische Kultur, Op. cit., p. 183-206.

8 - L’anse “Der Henkel” (1911), ln Philosophische Kultur, Op. cit., p. 99-105.

9 - Philosophie du paysage. "Philosophie der Landschaft", (1913), in Das lndividuum und die Freiheit, Op. cit., p. 130-139.

10 - L'Art pour l'Art. (1914) ln Zur Philosophie der Kunst, Kiepenheuer. Potsdam, 1922, p. 779-786.

- Simmel, Georg, Secret et Sociétés secrètes. Ed. Circé. Strasbourg 1991. (Traduit de l'allemand par Sibylle Müller, Postface de Patrick Watier).

- Simmel und die frühen Soziologen: Nähe und Distanz zu Durkheim, Tônnies und Max Weber /herausgegeben von Otthein Rammstedt Frankfurt/Main, Suhrkamp, 1988.

- Simmel, Georg, Sociologie et épistémologie. Introduction de Julien Freund. Traduction de L. Gasparini, Presses Universitaires de France, Paris 1981.

- Simmel, Gcorg, Questions Fondamentales de la Sociologie:

1 - Le Domaine de la Sociologie

2 - Le Niveau social et le Niveau individuel. Exemple de sociologie générale.

3 - La Sociabilité. Exemple de sociologie pure ou formale.

4 - L'Individu et la Société dans certaines conceptions de l'existence du XVIIIe et XIXe siècle. Exemple de sociologie philosophique.

5 - Essai sur la sociologie des sens. in: Sociologie et épistémologie, Traduction par L. Gasparini, PUF Paris, 1981.

- Simmel, Georg, Philosophie de l'Amour. Ed. Rivages, Paris/Marseille, 1988, essais traduits de 1'allemand par Sabine Cornille et Philippe Ivemel.

- Anonyme: Einiges über die Prostitution in Gegenwart und Zukunft (quelques réflexions sur la prostitution dans le présent et dans l'avenir), in: Die Neue Zeit, janvier 1892.

- Zur Soziologie der Familie (sur la sociologie de la famille) in Vossische Zeitung, 21-28 octobre 1894.

- Die Rolle des Geldes in den Beziehungen der Geschlechter. Fragment aus einer Philosophie des Geldes. Le rôle les rapports entre les sexes In Die Zeit, janvier 1898.

- Weibliche Kultur (Culture féminine) in Neue Deutsche Rundschau, mai 1902, cahier 5.

- Psychologie der Koketterie (psychologie de la coquetterie) in Der Tag, 11 et 12 mai 1909.

- Fragment über die Liebe (fragment sur l'Amour). Ecrits posthumes, Logos, 10 - 1921/1922.

II - Littérature secondaire

- Aron, Raymond, La Philosophie critique de l'Histoire, Chapitre III, Philosophie de la vie et logique de l'Histoire, J. Vrin, Librairie Philosophique, Callet Points. 1969.
- Bickel, Cornelius, Zu Tönnies Theorie der Rationalität. ln: Schlüter, Carsten (Hg): Symbol, Bewegung, Rationalität. Zum fünfzigsten Todestag von F. Tônnies. Würzburg, 1987.
- Dahme, Heinz-Jürgen, Der Verlust des Fortschrittsglaubens und der Verwissenschaftlichung der Soziologie. Ein Vergleich von Simmel, Tönnies und Max Weber, 1964.
- Dahme, Heinz-Jürgen, und Rammstedt, Otthein, Die zeitlose Modernität der soziologischen Klassiker. ln: Georg Simmel und die Moderne. Neue lnterpretationen und Materialen. Frankfurt/Main, 1984.
- Dilthey, W., Introduction aux Sciences Humaines, Einleitung in die Geisteswissenschaften. Leipzig 1883.
- Freund, Julien, introduction, "Questions Fondamentales de la Sociologie", in: Sociologie et épistémologie, PUF Paris, 1961.
- Frisby, D., Simmels Theorie der Moderne, in Dahme, H.j. und Rammstedt, (Hg), (1984) Simmel und die Moderne, Frankfurt/Main 1984.
- Gassen, K. Landmann, M. (Hrg), Buch des Dankes an Georg Simmel, Briefe, Erinnerungen, Bibliographe, Berlin 1958.
- Gurvitch, G., Traité de Sociologie Bd 1. Presses Universitaires de France. Paris, 1967, P (,55.
- Habermas, Jürgen: Erkenntnis und Interesse, Suhrkamp, Frankfurt/Main 1968.
- Habermas, J., Die Moderne, ein unvollendetes Projekt Frankfurt/Main 1980.
- Hahn, Aloïs, La Sociologie du Conflit, Université de Trèves, p 375 à 385.
- Hegel, G.W.F., La Phénoménologie de l'Esprit, Traduction de Jean Hyppolite, Paris, Aubier, 1941.
- Helle, H.Y., die Soziologie und Erkenntnistheorie bei Georg Simmel, Darmstadt, wissenschaftliche Buchgesellschoft, 1988.
- Jankélévitch, Vladimir, Essai paru dans la revue de Métaphysique et de Morale, 1925, A. Colin, Paris, p 213 à 257 et p 373 à 386.
- Levine, Donald N., Simmel, Georg, on lndividuality and Sozial Forms. Introduction - Chicago, 1971.

- Lukács, Georges, Postface, Extrait du "livre de remerciements à Georg Simmel" "Buch des Dankes an Georg Simmel", Duncker & Humblot, Berlin, 1958.
- Maffesoli, M., Epistémologie de la vie quotidienne: vers un "Formisme en sociologie ". Cahiers internationaux de Sociologie. LXXIV, 1983.
- Maffesoli, Michel, Essai sur la violence, Librairie des Méridiens, Klincksieck & Cie., 1984.
- Marx, Karl, Das Kapital. Kritik der politischen Ökonomie, Bd 1.2. Aufl., 1885, Hamburg.
- Nedelmann, Birgitta, Simmel, Georg, Emotion und Wechselwirkung in intimen Gruppen. ln: Kölner Zeitschrift für Soziologie und Sozialpsychologie. Sonherft 25, 1983.
- Rammstedt, Otthein, Zweifel am Fortschritt und hoffen aufs lndividuum. Zur Konstitution der modernen Soziologie im Ausgehenden 19. Jahrhundert Soziale Welt 36, 1986.
- Tönnies, Ferdinand, Wege und Ziele der Soziologie, Jena 1926.
- Tönnies, Ferdinand, Gemeinschaft und Gesellschaft, Jena 1881.
- Vieillard-Baron, Jean-Louis, Philosophie de la Modernité, Tome I, Paris, Payot, 1989.
- Weber, Max: Die Protestantische Ethik, München 1965.
- Weber, Max, Über einige Kategorien der verstehenden Soziologie in: Logo IV, 1913.
- Weber, Max, Gesammelte Aufsätze zur wissenschaftslehre. Tübingen 1922.
- Weiss, J., Max Weber Grundlegung der Soziologie, München 1975.

L'HARMATTAN ITALIA
Via Degli Artisti 15; 10124 Torino
harmattan.italia@gmail.com

L'HARMATTAN HONGRIE
Könyvesbolt ; Kossuth L. u. 14-16
1053 Budapest

L'HARMATTAN KINSHASA
185, avenue Nyangwe
Commune de Lingwala
Kinshasa, R.D. Congo
(00243) 998697603 ou (00243) 999229662

L'HARMATTAN CONGO
67, av. E. P. Lumumba
Bât. – Congo Pharmacie (Bib. Nat.)
BP2874 Brazzaville
harmattan.congo@yahoo.fr

L'HARMATTAN GUINÉE
Almamya Rue KA 028, en face
du restaurant Le Cèdre
OKB agency BP 3470 Conakry
(00224) 657 20 85 08 / 664 28 91 96
harmattanguinee@yahoo.fr

L'HARMATTAN MALI
Rue 73, Porte 536, Niamakoro,
Cité Unicef, Bamako
Tél. 00 (223) 20205724 / +(223) 76378082
poudiougopaul@yahoo.fr
pp.harmattan@gmail.com

L'HARMATTAN CAMEROUN
TSINGA/FECAFOOT
BP 11486 Yaoundé
699198028/675441949
harmattancam@yahoo.com

L'HARMATTAN CÔTE D'IVOIRE
Résidence Karl / cité des arts
Abidjan-Cocody 03 BP 1588 Abidjan 03
(00225) 05 77 87 31
etien_nda@yahoo.fr

L'HARMATTAN BURKINA
Penou Achille Some
Ouagadougou
(+226) 70 26 88 27

L'HARMATTAN SÉNÉGAL
10 VDN en face Mermoz, après le pont de Fann
BP 45034 Dakar Fann
33 825 98 58 / 33 860 9858
senharmattan@gmail.com / senlibraire@gmail.com
www.harmattansenegal.com